Alois Hüning
Rolf Reudenbach

Sichere Maschinen in Europa • Teil 1

Europäische und nationale Rechtsgrundlagen

Kurzinformation für Hersteller und Benutzer

13. überarbeitete Auflage • Ausgabe Januar 2024

Impressum:

© 2000 by **DCVerlag e.K. • 44803 Bochum • Goystraße 35**
Telefon (02 34) 94 34 90 • Telefax (02 34) 94 34 921
Internet: www.dcverlag.de • E-Mail: info@dcverlag.de

Verfasser: Dipl.-Ing. Alois Hüning
Dipl.-Ing. Rolf Reudenbach, Aufsichtsperson a.D.

Gesamtherstellung: DCVerlag e. K., Bochum

Printed in Germany • Januar 2024

ISBN: 978-3-943488-80-7

Vorwort zur 13. Auflage

In der 13. Auflage dieses Buches sind alle wichtigen Neuerungen enthalten, die sich nach Redaktionsschluss der 12. Auflage im September 2017 bei den europäischen und nationalen Rechtsgrundlagen für sichere Maschinen ergeben haben. Es war deshalb erforderlich, u. a. die **Anlagen I bis XI** komplett zu aktualisieren.

Das vorliegende Buch wurde an die neuen und geänderten Rechtsgrundlagen durch die Veröffentlichung der EU-Maschinenverordnung (siehe Anlage I und II), der Novellierung des Produktsicherheitsgesetzes und des Inkrafttretens des Marktüberwachungsgesetzes angepasst und aktualisiert ohne die bewährten und leserfreundlichen Strukturen zu verändern.

Fast 36 Jahre lang war das in dieser Zeit mehrfach geänderte Gerätesicherheitsgesetz (GSG) vom 24. Juni 1968 die Rechtsgrundlage für das Inverkehrbringen und Ausstellen technischer Arbeitsmittel in Deutschland. Das Produktsicherheitsgesetz (ProdSG) vom 22. April 1997 regelte das Inverkehrbringen von Produkten, die zur privaten Nutzung durch Verbraucher bestimmt waren. Investitionsgüter, wie gewerblich genutzte Maschinen und Produktionsanlagen sowie andere nur zur beruflichen Nutzung bestimmte Produkte, waren von diesem Gesetz nicht betroffen. Beide Gesetze sind im Jahre 2004 zu einem Geräte- und Produktsicherheitsgesetz (GPSG) zusammengeführt worden. Im Dezember 2011 wurde dieses Gesetz durch das Produktsicherheitsgesetz (ProdSG) abgelöst. Im Jahre 2021 musste, aufgrund der Umsetzung der europäischen Marktüberwachungsverordnung, eine Novellierung erfolgen.

Eine Grundinformation **zum „neuen" ProdSG enthält Anlage V** dieses Buches.

Im Kontext zur Novelle des ProdSG steht das neue Marktüberwachungsgesetz von 2021. Informationen hierzu sind in der **Anlage VI** enthalten.

Ganz elementare und zeitlos aktuelle Bedeutung hat das BMAS-Papier (04/2015) über die wesentlichen Veränderungen von Maschinen. Im **Kapitel 14** wird dieses wichtige Thema beispielhaft erläutert.

Die europäische Rechtsentwicklung im Arbeitsschutz hat national zu einer Verstaatlichung der Arbeitsschutzbestimmungen geführt. Die maßgebliche Rechtsvorschrift für das zur Verfügung stellen und Verwenden von Arbeitsmitteln (inkl. Maschinen) in Deutschland ist seit Juni 2015 durch die **Betriebssicherheitsverordnung (BetrSichV)** geregelt. Wegen des Vorranges dieser staatlichen Verordnung wurden u. a. viele **maschinenspezifische Unfallverhütungsvorschriften** zurückgezogen. Trotzdem haben diese Vorschriften für Altmaschinen noch eine Bedeutung. Hilfreich für die Praxis ist hier die **Anlage XI**, in der ein Überblick von Checklisten dargestellt wird.

Neu ist die **Anlage X LASI-Papier „Maschinen ohne CE"**. Dieses Papier gibt nationale Rechtssicherheit bei Maschinen, bei denen aus unterschiedlichen aber rechtswidrigen Gründen die CE-Kennzeichnung nicht durchgeführt wurde. Eine **Nachzertifizierung** dieser in Betrieb befindlicher Maschinen ist **rechtlich nicht zulässig**!

Beibehalten wurde nach positiver Resonanz in diesem Buch eine „neue" Randbemerkung. Unter dem Begriff **„Historie"** findet man die geschichtlichen Abläufe und Zusammenhänge zu den heute geltenden Rechtsgrundlagen. Die Verfasser wollten nicht, dass diese alten und nicht mehr gültigen Rechtsgrundlagen „verloren" gehen.

Die Verfasser wünschen Ihnen viel Spaß beim Lesen!

Inhaltsverzeichnis

Anlagen

Abkürzungen

AEUV .... Vertrag über die Arbeitsweise der EU
AMBR .... EG-Arbeitsmittel-Benutzungs-Richtlinie
AMBV .... Arbeitsmittelbenutzungsverordnung
ArbSchG .... Arbeitsschutzgesetz
Art. .... Artikel
ASiG .... Arbeitssicherheitsgesetz
BetrSichV ...... Betriebssicherheitsverordnung
BGB .... Bürgerliches Gesetzbuch
BGG .... Berufsgenossenschaftliche Grundsätze
BGR .... Berufsgenossenschaftliche Regel
BGV .... Berufsgenossenschaftliche Vorschrift
BImSchV .... Verordnung zum Bundesimmissionsschutzgesetz
BMA .... Bundesministerium für Arbeit (heutige Bezeichnung BMAS)
BMAS .... Bundesministerium für Arbeit und Soziales
CE .... Communauté Européenne
EG .... Europäische Gemeinschaft
EMV .... Elektromagnetische Verträglichkeit
EMVG .... EMV-Gesetz
EMVR .... EMV-Richtlinie
EN .... Europanorm
EU .... Europäische Union
EUMV .... EU-Maschinenverordnung (EU) 2023/1230
EWG .... Europäische Wirtschaftsgemeinschaft
EWR .... Europäischer Wirtschaftsraum
GSG .... Gerätesicherheitsgesetz
GPSG .... Geräte- und Produktsicherheitsgesetz
GPSGV .... Verordnung zum GPSG
GSGV .... Verordnung zum Gerätesicherheitsgesetz
ISO .... International Organization for Standardization
LASI .... Länderausschuss für Arbeitsschutz und Sicherheitstechnik
MRL .... EG-Maschinenrichtlinie 2006/42/EG
MV .... „nationale Umsetzung“ der MRL in die 9. ProdSV
NiederspR ..... EG-Niederspannungsrichtlinie
prEN .... Europäischer Normentwurf
ProdHaftG ..... Produkthaftungsgesetz
ProdSG .... Produktsicherheitsgesetz
ProdSV .... Verordnung zum Produktsicherheitsgesetz
RL .... Richtlinie
SGB .... Sozialgesetzbuch
StGB .... Strafgesetzbuch
TRBS .... Technische Regel für Betriebssicherheit
UVV .... Unfallverhütungsvorschrift
VBG .... Vorschrift der Berufsgenossenschaft (UVV)
VO .... Verordnung
[...] .... Literaturkennziffer

Einführung

Der Abbau von Handelshemmnissen ist Voraussetzung für einen funktionierenden europäischen Binnenmarkt. Maschinen betreffend wurde das durch die Harmonisierung aller nationalen Bau- und Ausrüstungsbestimmungen erreicht. Neue Rechtsgrundlagen regeln seit dem 1. 1. 1993 die Beschaffenheit und die Verwendung von Maschinen. **Das Herstellen, Inverkehrbringen, Einführen, Ausstellen, Inbetriebnehmen und Benutzen von Maschinen unterliegt Vorschriften, die im gesamten Europäischen Wirtschaftsraum (EWR) gelten.**

Davon sind neue und alte Maschinen betroffen. Alle, die Maschinen bauen oder umbauen, verkaufen oder kaufen und betreiben, sind gehalten, die neuen Sicherheitsbestimmungen anzuwenden. Daneben müssen in bestimmtem Umfang weiterhin bisher gültige nationale Vorschriften beachtet werden.

Die Übergangsfristen der maßgeblichen EG-Richtlinien und Vorschriften zu ihrer nationalen Umsetzung sind abgelaufen. Inzwischen kann auf viele Jahre Erfahrung zurückgeblickt wer den, in denen die neuen Bestimmungen zwingend angewendet werden mussten.

Die **Fülle der neuen EU-Verordnungen, EG-Richtlinien und Europanormen** lässt sich von den Anwendern kaum bewältigen. Das gilt insbesondere für Klein- und Mittelbetriebe, die nicht nur Maschinen betreiben, sondern bei Verkettungen, Umbauten und Komplettierungen **oft wie „Hersteller" tätig werden**. Als besonders problematisch hat sich die richtlinienkonforme Durchführung der technischen Dokumentation, wozu auch die Risikobeurteilung gehört, herausgestellt.

Die **stark auslegungsfähigen Binnenmarktrichtlinien und zukünftig auch Binnenmarktverordnungen, insbesondere die neue EU-Maschinenverordnung**, führen zu einem hohen Maß an **Verwirrung** und der damit verbundenen **Rechtsunsicherheit**. Wegen den unterschiedlichen nationalen und internationalen Meinungen bei der Auslegung und Anwendung der neuen Bestimmungen **kann von einem einheitlichen Vorgehen im EWR keine Rede sein**. Mit der neuen EU-Maschinenverordnung hat man mit

- einem klaren und erweiterten Anwendungsbereich,
- einem notwendigen und einheitlichen europäischen Rechtsrahmen

  und
- einer genaueren Abgrenzung zu anderen EG-Richtlinien

die Anwenderfreundlichkeit und Lesbarkeit gesteigert und somit die Schwachstellen der alten EG-Maschinenrichtlinie behoben.

Die im Wesentlichen auf dem Prinzip der „Selbstzertifizierung" aufbauende neue Vorschriftenkonzeption verleitet zur **missbräuchlichen Verwendung des Konformitätszeichens „CE"**. Zu oft wer den mangelhafte Maschinen mit CE-Kennzeichnung angetroffen, die verein zelt zu schweren und tödlichen Unfällen geführt haben. Auch die formellen Voraussetzungen für das Inverkehrbringen von Maschinen im EWR (u. a. eine vollständig vorhandene technische Dokumentation) sind häufig nicht erfüllt. Dabei wird nur selten absichtliches Handeln unterstellt.

Die bei der Anwendung von Binnenmarktrichtlinien vorhandene Verunsicherung von Maschinenherstellern, ist auch bei Maschinenbenutzern festzustellen, an die sich die nationalen Vorschriften zur Umsetzung der EG-Arbeitsmittel-Richtlinie richten. Dies betrifft in besonderem Maße die geforderte Anpassung von Arbeitsmitteln an Mindestvorschriften, wovon in erster Linie Altmaschinen betroffen sind. Not wendige Nachrüstungen wurden des halb bisher nur zögerlich durchgeführt.

Die Gründe für Fehler und Versäumnisse sind in vielen Fällen Überforderung und fehlende Information. Mit der vorliegenden Broschüre wird versucht, durch praxisgerechte Darstellungen und Empfehlungen die Informationsdefizite und die Rechtsunsicherheit abzubauen.

Dieses Buch stellt das schwierige und umfangreiche Thema kurz aber informativ dar. Fragen aus der Sicht der Anwender werden leicht verständlich beantwortet. Abbildungen, Übersichten und Hinweise sowie die grafische Gestaltung erhöhen den Informationswert.

Welche europäischen und nationalen Rechtsgrundlagen gelten für Maschinen?

Am 1. 1. 1993 ist der **europäische Binnenmarkt** Wirklichkeit geworden. Gemäß EG-Vertrag handelt es sich dabei um einen Raum **ohne Binnengrenzen**, in dem der freie Verkehr von Waren, Personen, Dienstleistungen und Kapital nach den Bestimmungen des Vertrages gewährleistet ist. Dieser „**Europäische Wirtschaftsraum**" (kurz: EWR) ist ein geografisches Gebiet, dem bis April 2004 18 Länder angehörten (**Anlage I** auf **Seite 98**).

EG-Vertrag

Anlage I

Am 1. 5. 2004 wurden zehn neue Mitgliedstaaten in die Europäische Union aufgenommen. Im Jahr 2007 kamen zwei weitere Staaten dazu. Kroatien trat am 1. 1. 2013 als 28. Staat bei. Bedingt durch den „Brexit" schied das Vereinigte Königreich am 1. 1. 2021 aus. Somit hat die EU zurzeit 27 Mitgliedstaaten. Zum EWR gehören ferner drei EFTA-Staaten und aufgrund bilateraler Verträge gehören ihm 34 Staaten an. In diesem Staatenbündnis gilt das europäische Maschinenrecht (EWR und die historische Entwicklung siehe **Anlage I**).

Anlage I

Vor Aufnahme der Beitrittsländer musste deren nationales Recht an das gültige Gemeinschaftsrecht angepasst werden, um den freien Warenverkehr sicherzustellen. So genannte **PECA*)-Abkommen** mit den Beitrittsländern erleichterten die Übernahme und die praktische Umsetzung des Gemeinschaftsrechts. Derartige Abkommen wurden für alle harmonisierten Produkte (z. B. Maschinen) abgeschlossen bzw. verhandelt. Die Anpassungen waren bis zum Beitrittstermin abzuschließen.

PECA-Abkommen

Dem freien Verkehr von Maschinen standen unterschiedliche Rechtssysteme und Sicherheitsbestimmungen in den Mitgliedstaaten der Gemeinschaft entgegen. Es war notwendig, vorhandene Handelshemmnisse durch eine Angleichung der innerstaatlichen Vorschriften zu beseitigen, ohne die in den einzelnen Ländern bestehenden Schutzniveaus zu senken.

*) PECA: ein Instrument zur Integration der Beitrittskandidaten in die EU (Protocols to the Europe Agreements on Conformity Assessment and Acceptance of Industrial Products)

EG-Vertrag Artikel 114 (Artikel 95)

Die Beseitigung technischer Handelshemmnisse für Maschinen erfolgt(e) im Rahmen **einer neuen Konzeption zur technischen Harmonisierung** von Produkten. Das Konzept basiert auf dem Erlass von Binnenmarktrichtlinien mit grundlegen den Sicherheits- und Gesundheitsanforderungen, die durch **harmonisierte europäische Normen** konkretisiert werden (**Abb. 2** auf **Seite 11**).

Binnenmarktrichtlinien müssen in jedem EWR-Land unverändert in nationales Recht umgesetzt werden und gelten nach der nationalen Übernahme insbesondere für Hersteller.

Abb. 1: Unterschiede zwischen Binnenmarktrichtlinien und Arbeitsschutz-Richtlinien

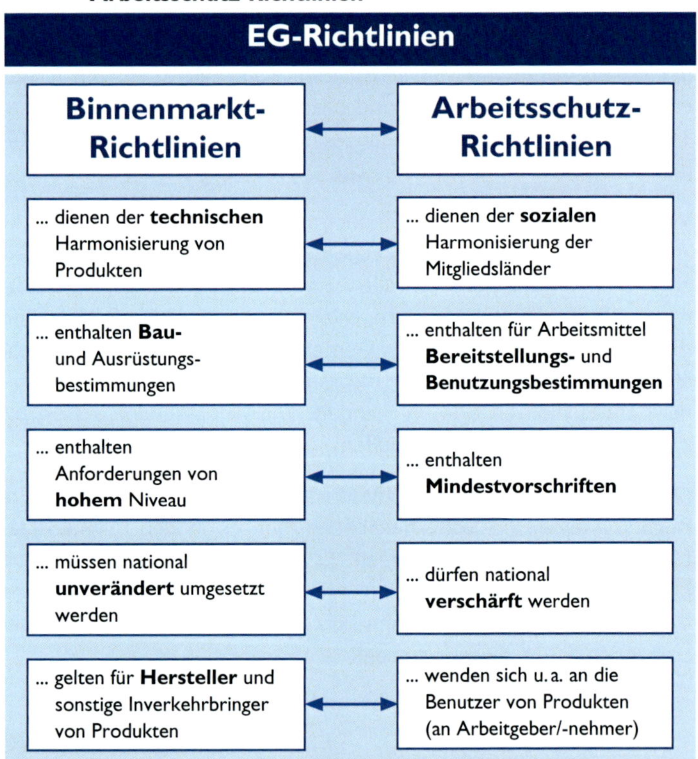

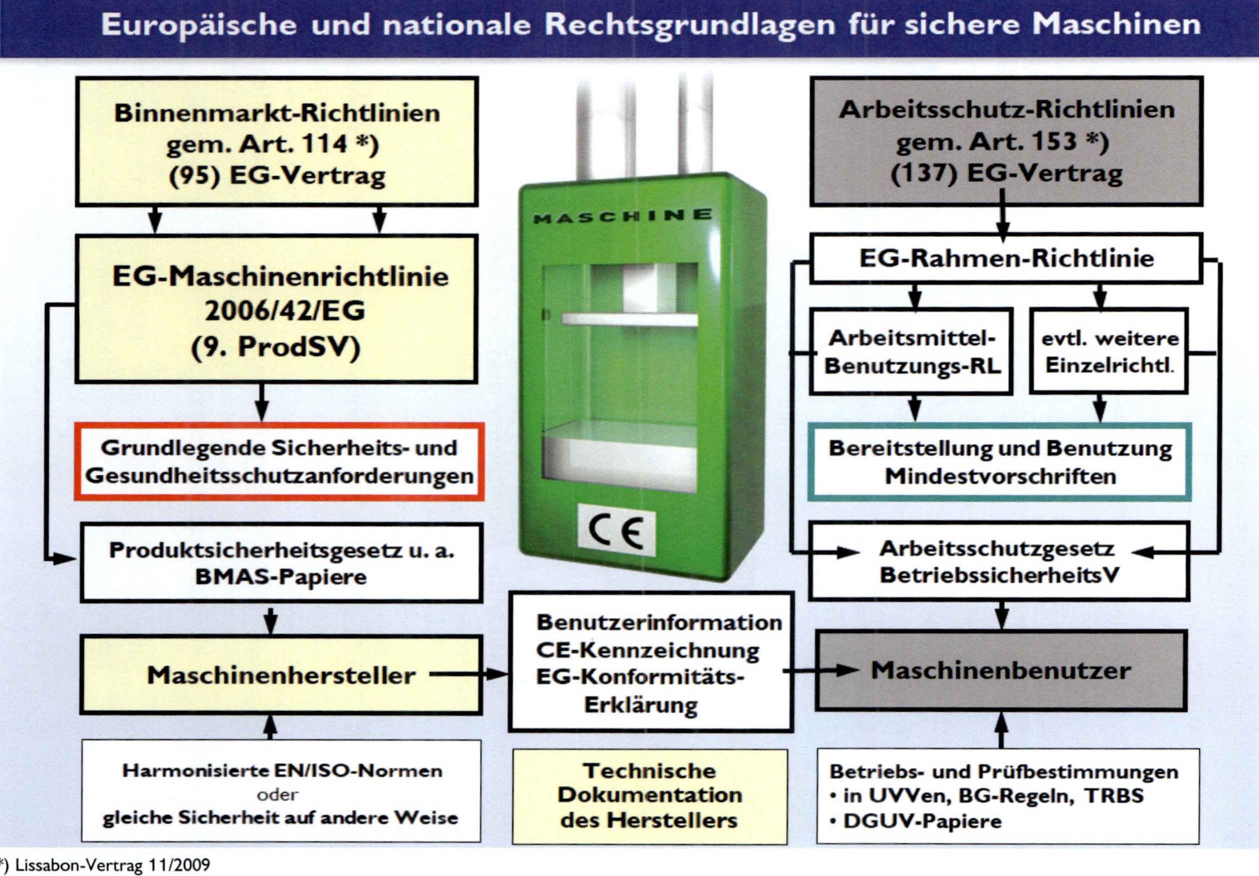

*) Lissabon-Vertrag 11/2009

Abb. 2: In Deutschland gültige Rechtsgrundlagen für sichere Maschinen im Überblick

Die EG-Richtlinien zur technischen Harmonisierung von Produkten werden ergänzt durch Bestimmungen über die Vermeidung von Gefährdungen , denen Arbeitnehmer bei der Arbeit ausgesetzt sein können. Gemeinschaftsrichtlinien dieser Art enthalten Mindestvorschriften zur Verbesserung der Sicherheit und des Gesundheitsschutzes der Arbeitnehmer bei der Arbeit.

EG-Vertrag Artikel 153 (Artikel 137)

Die der **sozialen Harmonisierung** dienenden **Arbeitsschutz-Richtlinien** bestehen aus einer Rahmenrichtlinie und einer Reihe von Einzelrichtlinien. Eine der Einzelrichtlinien regelt die Benutzung von Arbeitsmitteln, wozu auch Maschinen gehören. Es handelt sich dabei um die **sog. EG-Arbeitsmittel-Benutzungsrichtlinie** (**Abb. 2** auf **Seite 11**).

Der EG-Vertrag wurde im November 2009 durch den Vertrag von Lissabon geändert und hat eine neue Artikelzuordnung bekommen.

Dies gilt für die Binnenmarktrichtlinie wie auch für die Arbeitsschutz-Richtlinien.

Arbeitsschutz-Richtlinien gelten nach der nationalen Übernahme für Arbeitgeber und Arbeitnehmer. Sie dürfen bei der Umsetzung in nationales Recht verschärft werden. Die nationalen Vorschriften der EWR-Länder können deshalb unterschiedlich sein.

ArbSchG

Rechtsgrundlage für die nationale Umsetzung der EG-Arbeitsmittel-Benutzungsrichtlinie in Deutschland ist das Arbeitsschutzgesetz. Weitere Erläuterungen zur nationalen Umsetzung und Anwendung dieser EG-Richtlinie siehe **Kapitel 11**. Die wesentlichen Unterschiede zwischen Binnenmarktrichtlinien und Arbeitsschutz-Richtlinien zeigt **Abb. 1** auf **Seite 10**.

MRL

Als eine der wichtigsten Binnenmarktrichtlinien gilt die **EG-Maschinenrichtlinie**, weil der Maschinenbau einer der industriellen Kernbereiche im Europäischen Wirtschaftsraum (EWR) ist. Dieser EG-Richtlinie kommt deshalb eine zentrale Bedeutung zu.

Die EG-Maschinenrichtlinie regelt, unter welchen Voraussetzungen Maschinen im EWR erstmals in den Verkehr gebracht und in Betrieb

MRL 2006/42/EG

Verfügender Teil

Artikel 1 bis 29

Anhang I

Grundlegende Sicherheits- und Gesundheitsschutzanforderungen für Konstruktion und Bau von Maschinen (Abschnitte 1-6)

Anhang II

a) EG-Konformitätserklärung für eine Maschine
b) Erklärung für den Einbau einer unvollständigen Maschine

Anhang III

CE-Kennzeichnung

Anhang IV

Kategorien von Maschinen, für die eines der Verfahren nach Artikel 12 Absätze 3 und 4 anzuwenden ist.

Anhang V

Nicht erschöpfende Liste der Sicherheitsbauteile im Sinne des Artikel 2c

Anhang VI

Montageanleitung für eine unvollständige Maschine

Anhang VII

a) Technische Unterlagen für Maschinen
b) Spezielle technische Unterlagen für unvollständige Maschinen

Anhang VIII

Bewertung der Konformität einer Maschine durch interne Fertigungskontrollen

Anhang IX

EG-Baumusterprüfung

Anhang X

Umfassende Qualitätssicherung

Anhang XI

Von den Mitgliedstaaten zu berücksichtigende Mindestkriterien für die Meldung der Stellen

Anhang XII

Entsprechungstabelle

29 Artikel
und
12 Anhänge

Abb. 3: Aufbau und Inhalt der EG-Maschinenrichtlinie 2006/42/EG

genommen werden dürfen. Sie enthält außerdem **„Grundlegende Sicherheits- und Gesundheitsschutzanforderungen für Konstruktion und Bau von Maschinen“** (**Abb. 3** auf **Seite 13**).

- Historie - Die Umsetzung der EG-Maschinenrichtlinie in nationales Recht erfolgte in Deutschland auf der Grundlage des **Gerätesicherheitsgesetzes (GSG)** durch die 9. Verordnung zum **GSG (Maschinenverordnung – 9. GSGV)**. Maschinen fielen in den sog. harmonisierten Geltungsbereich des mit Wirkung vom 1.1.1993 in wesentlichen Teilen neu gefassten Gesetzes.

GPSG Ab dem 1.5.2004 galt in Deutschland das **„Geräte- und Produktsicherheitsgesetz“ (GPSG)**. Damit wurden das Gerätesicherheitsgesetz (GSG) und das Produktsicherheitsgesetz (ProdSG) zusammengefasst sowie die europäische Produktsicherheitsrichtlinie 2001/95/EG in nationales Recht umgesetzt.

ProdSG - Historie -

ProdSG ProdSV Seit dem 1.Dezember 2011 ist das **Produktsicherheitsgesetz (ProdSG)** in Kraft getreten. Die EG-Maschinenrichtlinie ist mit der 9. Verordnung zum ProdSG (9. ProdSV) in nationales Recht umgesetzt.

Das **Produktsicherheitsgesetz (ProdSG)** wurde überarbeitet und gilt seit dem 27. Juli 2021 in seiner neuen Fassung **(Anlage V)**.

Außer der EG-Maschinenrichtlinie werden durch Rechtsverordnungen zum ProdSG weitere Binnenmarktrichtlinien in deutsches Recht um gesetzt, die für Maschinen wichtig sein können (**Abb. 4** auf der nachfolgenden **Seite 15**).

Je nach Art, Ausrüstung und Verwendungszweck einer Maschine müssen die in **Abb. 4** aufgeführten Binnenmarktrichtlinien zusätzlich zur EG-Maschinenrichtlinie beachtet werden. Von besonderer Bedeutung ist die novellierte EG-Niederspannungsrichtlinie von 2014, die wegen ihres Geltungsbereiches häufig angewendet werden muss.

RL 2014/35/EU Die **EG-Niederspannungsrichtlinie** gilt für elektrische Betriebs mittel (z.B. Elektrogeräte, Elektrobauteile) zur Verwendung innerhalb bestimmter Spannungsgrenzen. Sie ist gültig für Maschinen mit überwiegend elektrischen Gefahren und für die elektrische Ausrüstung aller anderen Maschinen. Die EG-Maschinenrichtlinie 2006/42/EG hat im Anhang I die Schutzziele der Niederspannungsrichtlinie einbezogen und somit wird die Konformitätserklärung **ausschließlich** nach der EG-Maschinenrichtlinie erklärt. Dies stellt eine Ausnahme gegenüber anderen EG-Richtlinien dar.

In der Maschinenrichtlinie 2006/42/EG werden **Überschneidungen mit der EG-Niederspannungsrichtlinie** durch eine eindeutige Abgrenzung vermieden. Am 20.04.2016 ist die kodifizierte NiederspR 2014/30/EU in Kraft getreten.

Für die meisten Maschinen ist auch die **EMV-Richtlinie** (EMV = Elektromagnetische Verträglichkeit) zu beachten. Diese Binnen-

RL 2014/30/EU
EMVG

Abb. 4: Binnenmarktrichtlinien und ihre nationale Umsetzung in Deutschland

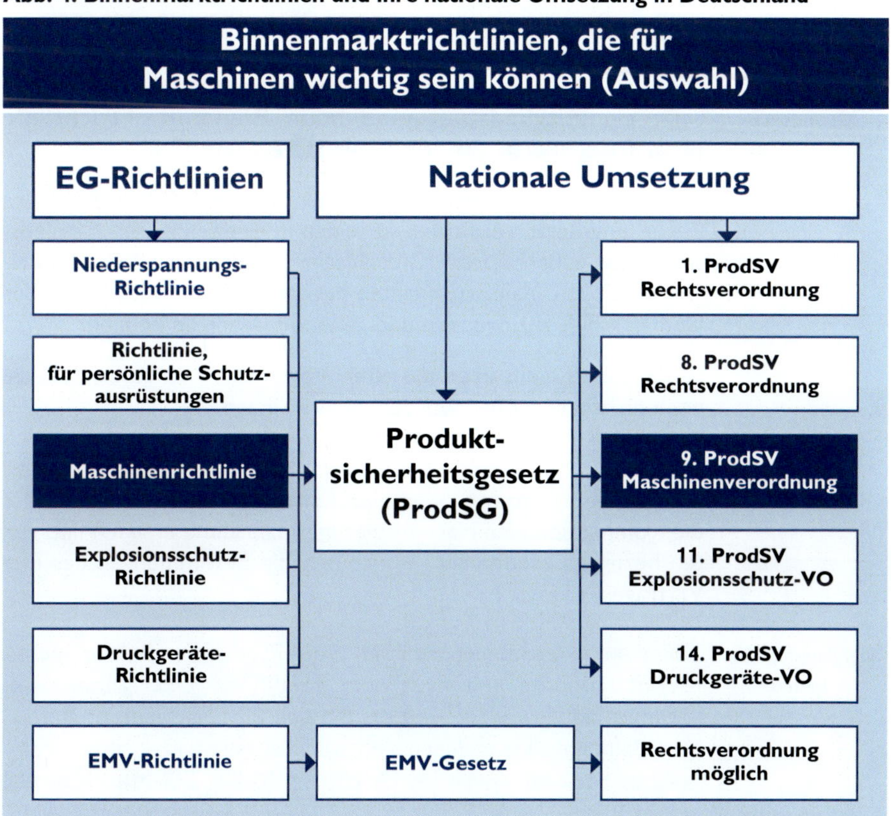

markt-Richtlinie gilt u.a. für Maschinen mit elektrischen/elektronischen Ausrüstungen (z.B. Werkzeugmaschinen, Industrieroboter, automatisierte Systeme). Es ist sicherzustellen, dass Maschinen eine ausreichende elektromagnetische Störfestigkeit besitzen und dass auch die von Maschinen ausgehenden Störungen innerhalb zulässiger Grenzen liegen. Die EMV-Richtlinie wurde mit dem **EMV-Gesetz** am 22.12.2016 in nationales Recht umgesetzt.

Leitfaden der Kommission

Alle EG-Richtlinien müssen von den Staaten der Gemeinschaft fristgerecht in nationales Recht übernommen werden. Dies ist mit den maßgeblichen Binnenmarktrichtlinien für Maschinen geschehen. Man kann deshalb heute von einheitlichen Bau- und Ausrüstungsbestimmungen für Maschinen im gesamten Europäischen Wirtschaftsraum ausgehen.

Grundsätze des Europäischen Gerichtshofes

Setzt ein **Mitgliedstaat eine neue Binnenmarktrichtlinie nicht fristgerecht um**, gilt folgende Regelung:

Ist eine Binnenmarktrichtlinie in einem Mitgliedstaat in nationales Recht umgesetzt, reicht dies für einen in einem anderen Mitgliedsstaat oder außerhalb der Gemeinschaft niedergelassenen Hersteller aus, sie zur Inanspruchnahme des freien Warenverkehrs in der Gemeinschaft anzuwenden und geltend machen zu können.

Er kann sich dann über die alten Vorschriften eines Landes, die noch nicht aufgehoben wurden, hinwegsetzen.

Artikel 114 EG-Vertrag

Hält es ein Mitgliedstaat für erforderlich, einzelstaatliche Bestimmungen beizubehalten oder einzuführen, nachdem der Rat oder die Kommission eine Harmonisierungsmaßnahme erlassen hat, gelten bezüglich eventueller Ausnahmen die Bestimmungen des EG-Vertrages.

Übergangsfristen beachten

Binnenmarktrichtlinien müssen von Produktherstellern nicht sofort, sondern erst nach dem Ablauf von Übergangsfristen zwingend angewendet werden. Bei den für Maschinen wichtigsten Binnenmarktrichtlinien sind die Übergangsfristen abgelaufen **(Abb. 5)**. **Seit dem 29.12.2009 gilt die EG-Maschinenrichtlinie.**

Innerhalb von Übergangsfristen ist die Anwendung der Binnenmarktrichtlinien freigestellt. Die ab 1. 1. 1993 anwendbare EG-Maschinenrichtlinie ließ bis 31. 12. 1994 (Ablauf der Übergangsfrist) das Inverkehrbringen und Inbetriebnehmen von Maschinen zu, die den jeweiligen nationalen Bestimmungen der Mitgliedstaaten (in Deutschland insbesondere den Unfallverhütungsvorschriften) entsprachen. **- Historie -**

Für die der Europäischen Union nach dem 1. Mai 2004 beigetretenen Staaten gelten bezüglich Anwendung von Binnenmarktrichtlinien auf Maschinen keine Übergangsfristen.

Eine Auswahl von europäischen und nationalen Rechtsgrundlagen ist der **Anlage III** auf **Seite 105** zu entnehmen. **Anlage III**

Abb. 5: Rückblick auf die Anwendungszeitpunkte von EG-Binnenmarktrichtlinien für Maschinen/-ausrüstungen

Maschine/Ausrüstung	Binnenmarktrichtlinie	Zwingend anzuwenden ab:
Maschinen und Anlagen allgemein	EG-Maschinenrichtlinie	1.1.1995
Kraftbetriebene Flurförderzeuge bis 10 t Tragfähigkeit	EG-Maschinenrichtlinie	1.1.1996
Maschinen zum Heben/Fortbewegen von Personen	EG-Maschinenrichtlinie	1.1.1997
Sicherheitsbauteile	EG-Maschinenrichtlinie	1.1.1997
Elektrische/Elektronische Ausrüstung	EMV-Richtlinie	1.1.1996
Bauteile der elektrischen Ausrüstung	EG-Niederspannungsrichtlinie	1.1.1997 betreffend CE-Kennzeichnung

Was müssen Hersteller, Importeure und Händler beachten?

2

MRL
ProdSG § 3 (1)

Die in **Kapitel 1** genannten Binnenmarktrichtlinien und nationalen Umsetzungsvorschriften verpflichten alle **Hersteller** zur Beachtung der Beschaffenheitsanforderungen für Maschinen, die im Europäischen Wirtschaftsraum (EWR) ab bestimmten Zeitpunkten **(Abb. 5 auf Seite 17)** erstmals in den Verkehr gebracht und in Betrieb genommen werden.

MRL Art. 2i
9. ProdSV § 2

Die Bestimmungen gelten auch für diejenigen,

- die Maschinen aus Drittländern in den EWR einführen **(Importeure)**,
- die Maschinen oder Teile von Maschinen unterschiedlichen Ursprungs zusammenfügen oder
- die **Maschinen für den Eigengebrauch** herstellen.

MRL Art. 15

Hersteller im Sinne der Bestimmungen ist derjenige, der die Verantwortung für den Entwurf und die Herstellung einer Maschine trägt, die in seinem Namen in der Gemeinschaft in den Verkehr gebracht werden soll.

ProdSG § 2 (15)

Hersteller im Sinne des Produktsicherheitsgesetzes (ProdSG) ist jede natürliche oder juristische Person, die ein Produkt herstellt oder ein Produkt **wiederaufarbeitet** oder **wesentlich verändert** und erneut in den Verkehr bringt.

Als Hersteller gilt auch jeder, der geschäftsmäßig seinen Namen, seine Marke oder ein anderes unterscheidungskräftiges Kennzeichen an einem Produkt anbringt und sich dadurch als Hersteller ausgibt, oder der als sonstiger Inverkehrbringer die Sicherheitseigenschaften eines Produktes (z. B. einer Handbohrmaschine) beeinflusst.

Der Hersteller kann innerhalb oder außerhalb der Gemeinschaft niedergelassen sein. Dem Hersteller steht sein in der Gemeinschaft

ProdSG § 2 (6)

niedergelassener **Bevollmächtigter** gleich. Ein **Hersteller in einem Drittland** kann, muss aber nicht über einen im EWR niedergelassenen Bevollmächtigten verfügen.

Achtung: Ein Maschinenbenutzer wird zum **„Hersteller"**, wenn er im Sinne von „Herstellen" tätig wird. **MRL Art. 2** **9. ProdSV § 2 (10)**

Dies ist z. B. der Fall, wenn er

- eine unvollständige Maschine selbst komplettiert (z. B. Anbringen einer Umzäunung oder Lärmschutzkapselung) oder
- eine komplexe Anlage selbst zusammenstellt

  oder
- an einer Maschine Umbauten vornimmt, welche die Maschine wesentlich verändern **(Kapitel 14)**. **Kapitel 14**

Händler übernehmen die Verantwortung für die Einhaltung der gesetzlichen Vorschriften insoweit, dass die Maschinen beim Verkauf den zum **Zeitpunkt ihrer erstmaligen Bereitstellung (Inverkehrbringen)** geltenden Anforderungen entsprechen. Da das Produktsicherheitsgesetz (ProdSG) **alle Stufen des Inverkehrbringens** erfasst, darf z. B. eine neue Maschine, die ab 1. 1. 1995 im EWR erstmals in Verkehr gebracht wurde, von deutschen Händlern nicht weiterverkauft werden, wenn sie nicht der Maschinenverordnung bzw. der EG-Maschinenrichtlinie entspricht **(Abb. 6)**. **ProdSG § 2 (13)** **ProdSG § 2 (16)**

Achtung: Nach einer neuen Entscheidung des Europäischen Gerichtshofs (EuGH) darf sich im **innereuropäischen Handel** ein Händler auf die CE-Kennzeichnung eines Herstellers, **der seinen Sitz im EWR hat**, verlassen. Vor dem Verkauf einer Maschine ist er nicht verpflichtet zu überprüfen, ob diese tatsächlich die europäischen Sicherheitsanforderungen erfüllt. **- Historie -**

Im Schadensfall haftet der europäische Hersteller und nicht der Händler. Das gilt nicht, wenn der Händler die mangelhafte Maschine mit CE-Kennzeichnung aus einem Drittland importiert hat.

Bei **Messen, Ausstellungen und Vorführungen** dürfen vorübergehend und unter bestimmten Bedingungen nicht richtlinienkonforme Maschinen oder Sicherheitsbauteile ausgestellt werden. **MRL Art. 6 (2)** **ProdSG § 3 (5)**

Inverkehrbringen im Sinne des Produktsicherheitsgesetzes (ProdSG) ist jedes Überlassen eines Produktes an einen anderen, unabhängig davon, ob das Produkt neu oder wesentlich verändert worden ist **(Abb. 6)**. **ProdSG § 2 (16)**

Bei **neuen** Maschinen ist darunter die **erstmalige** entgeltliche oder unentgeltliche Bereitstellung für den Vertrieb und/oder die

ProdSG § 3 (1)

Benutzung im EWR zu verstehen. Die Bereitstellung umfasst z. B. **Verkauf, Vermietung, Leasing**. Maßgeblich ist die Rechtslage zum Zeitpunkt des erstmaligen Inverkehrbringens im EWR.

Eine neue Maschine mit CE-Kennzeichnung gilt bis zum Zeitpunkt der ersten Inbetriebnahme als „neu". Wird sie danach verkauft und wieder verwendet, handelt es sich nach ProdSG um ein neues Bereitstellen (Überlassen) einer gebrauchten Maschine. Bei diesem Besitzerwechsel muss die Richtlinienkonformität (CE-Kennzeichnung) erhalten bleiben **(Abb. 6)**.

Kapitel 13
Kapitel 14

Das Inverkehrbringen gebrauchter und wiederaufgearbeiteter Maschinen wird in **Kapitel 13** behandelt. Wesentlich veränderte Maschinen siehe **Kapitel 14**.

ProdSG § 2 (9)
und § 3 (1)

Die Einfuhr in den Europäischen Wirtschaftsraum (EWR) steht gemäß ProdSG dem Inverkehrbringen eines neuen Produktes gleich. Das heißt, dass alle neuen oder alten Maschinen aus Drittländern den Bestimmungen für neue Maschinen entsprechen müssen, wenn sie aus einem Drittland importiert werden. Diese Maschinen haben grundsätzlich keinen Bestandschutz.

Abb. 6: Stufen des Bereitstellens

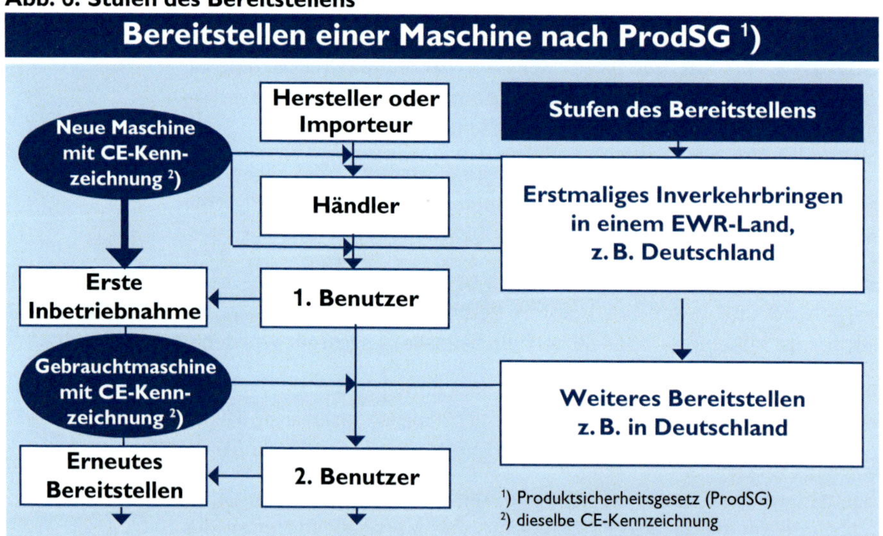

Maschinen, die im EWR hergestellt und **in ein Drittland exportiert** werden, unterliegen nicht den Beschaffenheitsanforderungen der Gemeinschaft, sondern denen des Drittlandes.

Im Herbst 2009 hat die **Türkei** die EG-Maschinenrichtlinie 2006/42/EG in ihr nationales Recht übernommen. Diese freiwillige Übernahme hat zur Folge, dass Hersteller, die Maschinen in die Türkei liefern, die Richtlinie auch einzuhalten haben. Das heißt, dass z.B. die Betriebsanleitung in türkischer Sprache erstellt werden muss.

„Sonderfall" Türkei

Für Lieferungen in die **Schweiz** gilt: Ab 1.7.1995 können und ab 1.1.1997 müssen in die Schweiz gelieferte Maschinen der EG-Maschinenrichtlinie entsprechen.

Schweizer Recht

Achtung: Die **Schweiz** hat inzwischen die wichtigsten Binnenmarktrichtlinien in nationales Recht übernommen und mit der EU ein Abkommen über die gegenseitige Anerkennung von Konformitätsbewertungsverfahren geschlossen. Das Abkommen gilt u.a. für Neumaschinen und ist am 1.6.2002 in Kraft getreten.

Abkommen der EU mit der Schweiz

Gebrauchtmaschinen aus der Schweiz müssen bei der Einfuhr in den EWR nicht mehr der EG-Maschinenrichtlinie zum Zeitpunkt der Einfuhr entsprechen. Mit diesem Abkommen ist das Drittland Schweiz quasi zu einem „Binnenmarkt-Mitglied" geworden.

Kapitel 13

Die Überlassung selbst hergestellter Maschinen zur Verwendung an Personen im gleichen Betrieb ist kein Inverkehrbringen im vorgenannten Sinne. Die Hersteller solcher Eigenbaumaschinen sind dennoch verpflichtet, die Anforderungen der EG-Maschinenrichtlinie und anderer relevanten Binnenmarktrichtlinien zu erfüllen.

MRL Art. 2i
9. ProdSV § 2 (10)

Wird eine **Maschine für den Eigengebrauch** hergestellt, beginnt die Verpflichtung zur Richtlinienkonformität bei der ersten Benutzung (Inbetriebnahme)

Die Herstellung von Maschinen und Anlagen für den Eigengebrauch mit CE-Kennzeichnung behandelt u.a. die Broschüre „Sichere Maschinen in Europa" Teil 5.

Broschüre „Sichere Maschinen in Europa" Teil 5

Für welche Erzeugnisse gilt die EG-Maschinenrichtlinie?

3

MRL Art. 2a
9. ProdSV §2

Im Sinne der EG-Maschinenrichtlinie gilt als Maschine eine mit einem Antriebssystem ausgestattete miteinander verbundene Gesamtheit beweglicher Teile oder Vorrichtungen, die für eine bestimmte Anwendung zusammengefügt sind.

MRL Art. 2a
9. ProdSV §2

Maschinen, deren einzige Kraftquelle die unmittelbar angewandte menschliche oder tierische Kraft ist, sind vom Anwendungsbereich ausgenommen (dies gilt nicht für Maschinen, die zum Heben von Lasten verwendet werden).

Maschinen und weitere Erzeugnisse im Sinne der RL 2006/42/EG zeigt **Abb. 7**. Ausschlüsse sind in Art. 1 Abs. 2 angegeben (**Abb. 8** auf der nachfolgenden **Seite 23**).

Abb. 7: Erzeugnisse im Sinne der EG-Maschinenrichtlinie

Die EG-Maschinenrichtlinie gilt für	
neue Maschinen aus EWR-Ländern:	Maschinen, die im EWR hergestellt, erstmals in den Verkehr gebracht und in Betrieb genommen werden **(Kapitel 2)**.
wie neu anzusehende Maschinen:	Im EWR bereits in Betrieb genommene Maschinen, die wesentlich verändert werden (z. B. Altmaschinen, **Kapitel 14**).
neue und alte Maschinen aus Drittländern:	Aus Drittländern in den EWR importierte neue und gebrauchte Maschinen, auch wenn sie nicht wesentlich verändert werden **(Kapitel 2)**.
Sicherheitsbauteile:	Einzeln im EWR in den Verkehr gebrachte Bauteile mit der Gewährleistung einer Sicherheitsfunktion.
Lastaufnahmemittel:	Anschlagmittel und ihre Bestandteile, die gesondert in Verkehr gebracht werden.
unvollständige Maschinen:	Keine bestimmte Funktion, für den Einbau bestimmt. Bsp.: Antriebssysteme/Robotersysteme ohne SE
komplexe Anlagen: (verkettete Maschinen)	Gesamtheit von Maschinen, die so angeordnet sind und betätigt werden, dass sie als Gesamtheit funktionieren.
auswechselbare Ausrüstungen:	Ausrüstungen zur Änderung der Funktion einer Maschine, die vom Bedienungspersonal angebracht werden.

Abb. 5 auf **Seite 17** zeigt, ab wann die EG-Maschinenrichtlinie für die o.a. Maschinen und Ausrüstungen zwingend angewendet werden muss. Maßgeblich ist immer **die Rechtslage zum Zeitpunkt des erstmaligen Inverkehrbringens** im EWR; bei wesentlich veränderten Maschinen das Bereitstellen auf dem Markt; bei Eigenbaumaschinen der ersten Benutzung (Inbetriebnahme). **GPSG §4** **- Historie -**

Sicherheitsbauteile sind Bauteile, die ausschließlich bzw. vorrangig eine Sicherheitsfunktion und keine Betriebsfunktion erfüllen, wobei deren Ausfall oder Fehlfunktion die Sicherheit von Personen im Wirkbereich einer Maschine gefährdet. Anhang V gibt informelle – nicht verbindliche – Hinweise zu Sicherheitsbauteilen. **MRL Art. 2c** **9.ProdSV §2 (4)** **MRL Art. 1a**

Abb. 8: Anwendungsbereich der MRL 2006/427EG

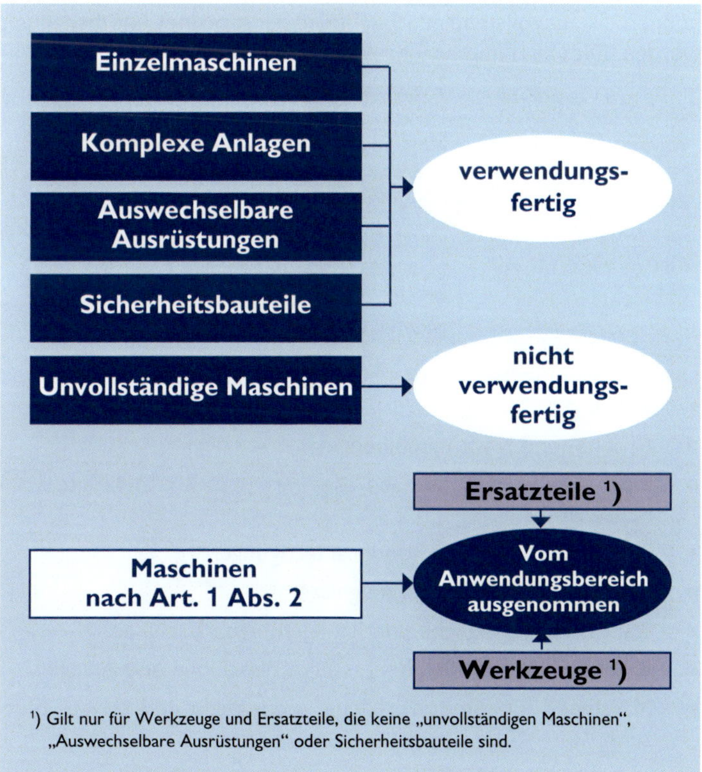

MRL Art. 2a
9. ProdSV
§ 1 (1) Nr. 1

Die **Einordnung und Bewertung komplexer Produktionsanlagen** (z. B. verfahrenstechnische Anlagen im Chemie-, Petrochemie- oder Pharmabereich) als „Gesamtmaschinen" kann problematisch sein. Eine Orientierungshilfe ist ein Interpretationspapier des BMAS („Gesamtheit von Maschinen" aus 05/2011).

MRL Art. 2a
9. ProdSV
§ 1 (1) Nr. 2

Auswechselbare Ausrüstungen (z. B. Kreissägenaufsatz für Handbohrmaschine), die gesondert in den Verkehr gebracht werden, gelten als „Maschinen" im Sinne der EG-Maschinenrichtlinie, auch wenn sie über keinen eigenen Antrieb verfügen.

Komplexe Bauteile (Komponenten), wie z. B. Maschinen ohne Antriebsaggregate (Pumpe ohne Motor u. a. m.), pneumatische Stellantriebe, Schieber, Klappen, Getriebe, Hydraulikzylinder u. a. m., können als „unvollständige Maschinen" eingeordnet und behandelt werden. Dies sind immer Einzelfallentscheidungen.

Kapitel 7.3

Die EG-Maschinenrichtlinie gilt für folgende Erzeugnisse	
verwendungsfertige Maschinen (Abb. 8) und für	Maschinen, die betriebsbereit geliefert werden und über alle erforderlichen Sicherheitseinrichtungen verfügen.
nicht verwendungsfertige Maschinen (Abb. 8)	Maschinen, die nicht alleine funktionieren und/oder **unvollständig geliefert** werden, weil sie vor Ort komplettiert, eingebaut oder mit anderen Maschinen verkettet werden sollen.

Der Anwendungsbereich der EG-Maschinenrichtlinie ist sehr weit gefasst. Sie gilt für:

- Arbeits- und Kraftmaschinen,
- mechanische Einrichtungen aller Art (z. B. kraftbetätigte Vorrichtungen),
- Serienmaschinen und Sonderanfertigungen,
- MRL maschinelle Zuliefererzeugnisse,
- stationäre, bewegliche und handgeführte Maschinen,
- für den Eigengebrauch hergestellte Maschinen und Anlagen,
- Maschinen für die gewerbliche, industrielle und private Nutzung,
- unvollständige Maschinen.

Die EG-Maschinenrichtlinie enthält neben allgemeinen Sicherheits- und Gesundheitsschutzanforderungen **besondere Bestimmungen** für

- Nahrungsmittelmaschinen und Maschinen für kosmetische oder pharmazeutische Erzeugnisse,
- in der Hand gehaltene bzw. von Hand geführte Maschinen, **MRL Anhang I**
- Maschinen zur Bearbeitung von Holz und gleichartigen Werkstoffen,
- bewegliche Maschinen (z. B. Flurförderzeuge),
- Maschinen zum Heben von Lasten (z. B. Krane, Hebezeuge, Lastaufnahmeeinrichtungen, Anschlagmittel),
- im Untertagebau eingesetzte Maschinen und
- Maschinen zum Heben von Personen (z. B. fahrbare Hubarbeitsbühnen, Regalbedienungsgeräte mit Fahrerplatz).

Eine Reihe von Maschinen (z. B. **Aufzüge** und **Fahrzeuge**) sind vom Anwendungsbereich der Richtlinie ausgenommen. Für diese Maschinen gelten andere Bestimmungen (für Aufzüge z. B. die EG-Richtlinie 2014/33/EU).

MRL Art. 24
12. ProdSV § 1

Ein besonderer Ausschluss gilt für **elektrische Maschinen**:

Fallen elektrische und elektronische Erzeugnisse in eine definierte Produktgruppe, so unterliegen sie dem Anwendungsbereich der EG-Niederspannungsrichtlinie 2014/35/EU, national umgesetzt durch die 1. ProdSV (Bsp.: Elektromotoren, Waschmaschinen) (**Abb. 4 auf Seite 15**).

MRL Art. 1 (2)
9. ProdSV
§ 1 (2) Nr. 11

Werden die in der EG-Maschinenrichtlinie genannten Gefahren ganz oder teilweise von anderen besonderen Gemeinschaftsrichtlinien erfasst, gelten dafür anstelle der EG-Maschinenrichtlinie die besonderen Gemeinschaftsrichtlinien (z. B.: EG-RL 2014/34/EU Geräte und Schutzsysteme zur bestimmungsgemäßen Verwendung in explosionsgefährdeten Bereichen oder EU-Seilbahnverordnung (EU) 2016/424).

MRL Art. 3
9. ProdSV
§ 3 (4)

Separat gelieferte einfache **Maschinenwerkzeuge** und **Ersatzteile** fallen nicht in den Anwendungsbereich der EG-Maschinenrichtlinie. Dies gilt auch für Sicherheitsbauteile, wenn sie als Ersatzteil vom Urhersteller geliefert werden. **Komplexe Maschinenwerkzeuge und Ersatzteile** mit eigen ständiger Mechanik (z. B. Werkzeuge mit hydraulischen Zusatzbewegungen) können „unvollständige Maschinen“ sein.

MRL Art. 1 (2)
9. ProdSV
§ 1 (2)

Wie können die Beschaffenheitsanforderungen der Binnenmarktrichtlinien erreicht werden?

Anhang III

Die in der EG-Maschinenrichtlinie und anderen Binnenmarktrichtlinien festgelegten grundlegenden Sicherheits- und Gesundheitsschutzanforderungen werden durch europäische Normen konkretisiert (Abb. 9). Man unterscheidet dabei zwischen **Grundnormen (Typ A), Gruppennormen (Typ B) und Produktnormen (Typ C)**. Die Typ- B-Normen werden nochmals unterteilt in B1- und B2-Normen.

Abb. 9: Harmonisierte europäische Normen (Auswahl)

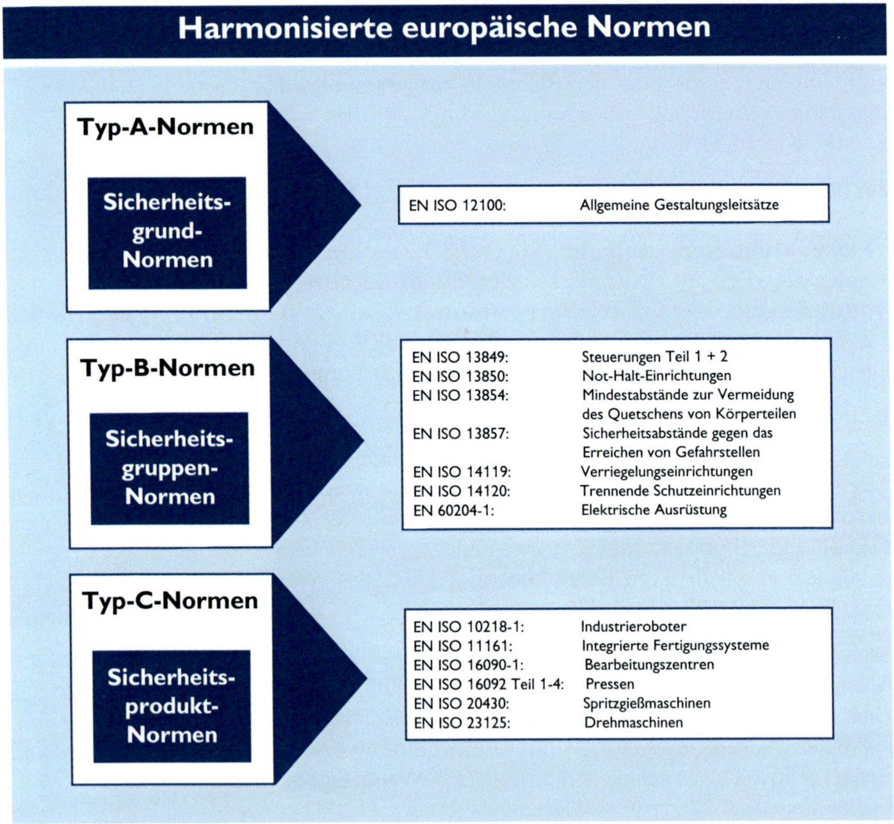

Harmonisierte europäische Normen

Typ-A-Normen – Sicherheits-grund-Normen

EN ISO 12100:	Allgemeine Gestaltungsleitsätze

Typ-B-Normen – Sicherheits-gruppen-Normen

EN ISO 13849:	Steuerungen Teil 1 + 2
EN ISO 13850:	Not-Halt-Einrichtungen
EN ISO 13854:	Mindestabstände zur Vermeidung des Quetschens von Körperteilen
EN ISO 13857:	Sicherheitsabstände gegen das Erreichen von Gefahrstellen
EN ISO 14119:	Verriegelungseinrichtungen
EN ISO 14120:	Trennende Schutzeinrichtungen
EN 60204-1:	Elektrische Ausrüstung

Typ-C-Normen – Sicherheits-produkt-Normen

EN ISO 10218-1:	Industrieroboter
EN ISO 11161:	Integrierte Fertigungssysteme
EN ISO 16090-1:	Bearbeitungszentren
EN ISO 16092 Teil 1-4:	Pressen
EN ISO 20430:	Spritzgießmaschinen
EN ISO 23125:	Drehmaschinen

B 1-Normen behandeln allgemeine Sicherheitsaspekte (z. B. Sicherheitsabstände), **B 2-Normen** befassen sich mit Sicherheitseinrichtungen (z. B. Zweihandschaltungen).

Die Normen sind nicht verbindlich. Es darf lediglich angenommen werden, dass eine Maschine, die entsprechend harmonisierten europäischen Normen hergestellt wurde, mit den betreffenden grundlegenden Anforderungen von Binnenmarktrichtlinien übereinstimmt. Die gleiche Sicherheit kann ein Hersteller aber auch auf andere Weise erreichen.

Erwägungspunkt Nr. 18 zur MRL

Nur **harmonisierte, im Amtsblatt der EG veröffentlichte europäische Normen** bewirken bei ihrer Anwendung die Vermutung der Konformität mit den grundlegenden Anforderungen von Binnenmarktrichtlinien (Konformitätsvermutung).

MRL Art. 7

Die Anwendung des Vermutungsprinzips auf eine bestimmte Maschine erfordert, dass dafür eine Norm existiert, die hinreichend konkret ist (Typ C-Norm). Die alleinige Anwendung von Normen des Typs A und B rechtfertigen eine solche Vermutung nicht.

Eine europäische Norm gilt als harmonisiert, wenn sie nach festgelegten Regularien unter einem Mandat der Europäischen Kommission erarbeitet wurde und ratifiziert worden ist. Die vorgenannte Konformitätsvermutung setzt die Veröffentlichung der Fund stelle der harmonisierten Norm im Amtsblatt der Europäischen Gemeinschaft voraus.

MRL Art. 21

Die Bekanntmachung und Veröffentlichung von harmonisierten Normen (mit und ohne Konformitätsvermutung) nach den einzelnen Harmonisierungsrichtlinien erfolgt in Deutschland im gemeinsamen Ministerialblatt vom Ausschuss Produktsicherheit (Bekanntmachung durch Bundesanstalt für Arbeitsschutz und Arbeitsmedizin (siehe baua.de). Dies wurde im ProdSG von 07/2021 mit § 5 „Normen und andere Spezifikationen" aufgewertet.

Normenverzeichnis

In der EG-Maschinenrichtlinie 98/37/EG wurde im Artikel 5 darauf verwiesen, dass wenn harmonisierte europäische Normen fehlen, die Hersteller in den EWR-Ländern, hilfsweise die bestehenden nationalen Normen und technischen Spezifikationen anwenden dürfen, die das jeweilige Land für die sachgerechte Umsetzung der

MRL 98/37/EG - altes Recht -

- Historie -

grundlegenden Sicherheits- und Gesundheitsanforderungen der EG-Maschinenrichtlinie als wichtig oder hilfreich erachtet und bekannt gemacht hat.

In die EG-Maschinenrichtlinie 2006/42/EG wurde dieser Artikel nicht mehr mitaufgenommen. Man geht mittlerweile davon aus, dass ausreichend harmonisierte Normen vorhanden sind, im Gegensatz zum Beginn des europäischen Binnenmarktes.

Natürlich ist es auch zukünftig möglich, beim Fehlen von harmonisierten Normen die vorgenannte Vorgehensweise zu wählen, um die grundlegenden Anforderungen des Anhangs I der EG-Maschinenrichtlinie zu erreichen.

> Wenn für eine bestimmte Maschine keine europäische Produktnorm (Typ C-Norm) vorliegt oder Gefährdungen in einer vorhandenen Produktnorm nicht behandelt werden, können die Beschaffenheitsanforderungen der Binnenmarktrichtlinien durch die Beachtung der zur Verfügung stehenden europäischen Normen des Typs A und B sowie der bestehenden deutschen Normen und technischen Spezifikationen realisiert werden. **Grundlage ist und bleibt die Risikobeurteilung des Herstellers!**

Ggf. sind zusätzliche Maßnahmen erforderlich, um die Richtlinienkonformität zu erreichen. Die verschiedenen Wege, die zur Richtlinienkonformität führen, zeigt **Abb. 10**.

Kapitel 10

Sollen beim Kauf einer Maschine bestimmte europäische Normen beachtet werden, sind diese vom Besteller schriftlich anzugeben, weil die Normen sonst unverbindlich sind. Fehlen europäische Normen, sollten ausländische Lieferanten auf die hilfsweise Anwendung deutscher Normen und technischer Spezifikationen verpflichtet werden (Kapitel 10).

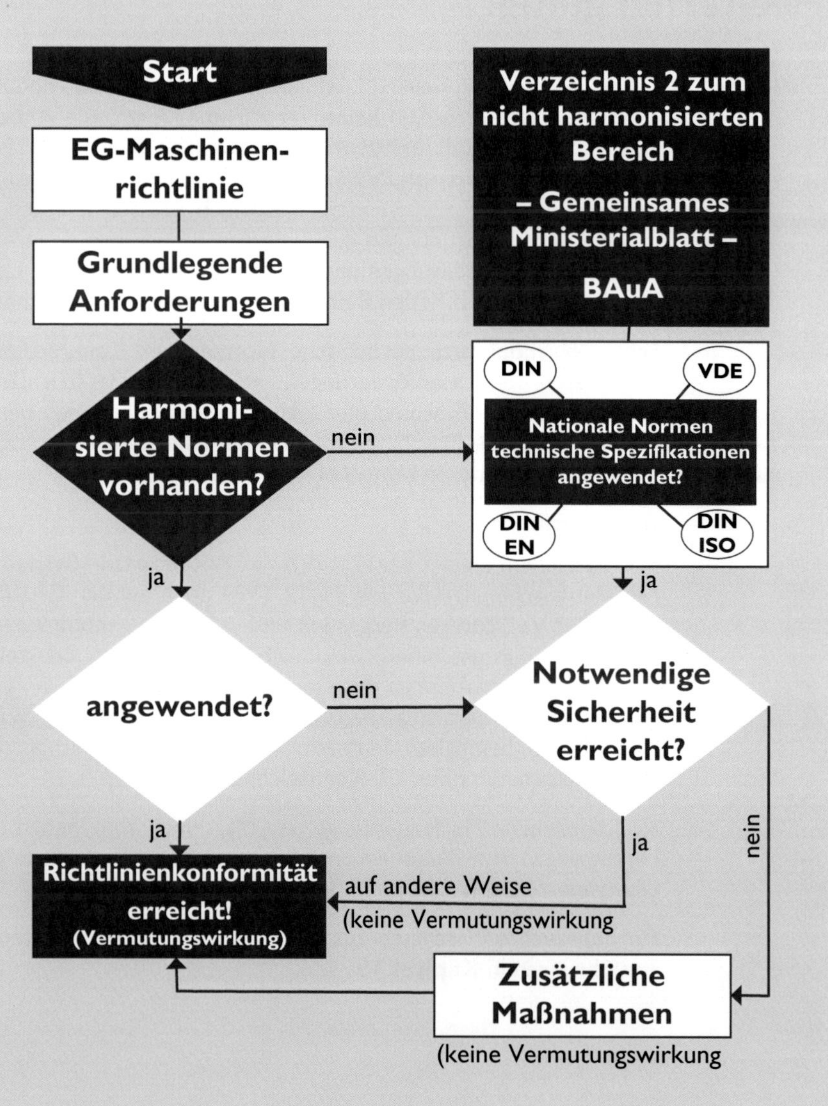

Abb. 10: Wege zur Richtlinienkonformität gemäß EG-Maschinenrichtlinie

Sind bestehende nationale Normen und technische Spezifikationen weiterhin gültig?

ProdSG § 3 (2) Bei der Herstellung neuer Maschinen besteht nach dem Produktsicherheitsgesetz (ProdSG) keine Verpflichtung, nationale **Arbeitsschutz- und Unfallverhütungsvorschriften**, Regeln der Technik (z. B. **DIN-Normen, VDE-Bestimmungen**) und Regeln der Sicherheitstechnik anzuwenden. Maschinen müssen lediglich den in den Rechtsverordnungen des Gesetzes enthaltenen sicherheitstechnischen Anforderungen und sonstigen Voraussetzungen für ihr Inverkehrbringen, d. h. den Binnenmarktrichtlinien, entsprechen.

Fehlen harmonisierte europäische Normen zur Konkretisierung der Beschaffenheitsanforderungen von Binnenmarktrichtlinien, können nationale Normen und technische Spezifikationen bei der Herstellung neuer Maschinen wichtig oder hilfreich sein, um richtlinienkonform zu bauen **(Kapitel 4)**.

Kapitel 4

Grundsätzlich gilt:

Für Maschinen, die am 31. 12. 1992 im EWR bereits in Betrieb waren (Altmaschinen) oder bis 31. 12. 1994 noch auf der Grundlage nationaler Vorschriften hergestellt und in Betrieb genommen wurden (Übergangsmaschinen), sind auch heute noch zur Beurteilung des Sicherheitsszustandes die nationalen Normen und technischen Spezifikationen heranzuziehen, die am 31. 12. 1992 gültig waren. Diese Regeln beinhalten den nationalen Stand der Sicherheitstechnik für Maschinen ohne CE-Kennzeichnung.

Kraftbetriebene Flurförderzeuge und Maschinen zum Heben oder Fortbewegen von Personen unterliegen anderen Regelungen bzw. Übergangszeiten (**Abb. 5** auf **Seite 17**).

Für gebrauchte Maschinen aus EWR- und Drittländern gelten die Ausführungen in **Kapitel 13**.

Welche Bedeutung haben heute noch die Unfallverhütungsvorschriften?

6

Das berufsgenossenschaftliche Vorschriften- und Regelwerk in Deutschland stand mit dem Inkrafttreten der **Betriebssicherheitsverordnung (BetrSichV)** am 3. Oktober 2002 vor tief greifenden Veränderungen. Diese staatliche Rechtsvorschrift berührt ca. 90 % aller Unfallverhütungsvorschriften (UVVen). Um Doppelregelungen zu vermeiden, war es erforderlich, die berufsgenossenschaftlichen Vorschriften aktuell an zu passen und teilweise außer Kraft zu setzen. Wegen des Vorrangs der BetrSichV ist mit der Zurücknahme von weiteren UVVen zu rechnen.

BetrSichV

Kapitel 11

Mit dem Inkrafttreten der neuen **Unfallverhütungsvorschrift „Grundsätze der Prävention" (DGUV 1)** zum 1. Januar 2004 wurden in einem ersten Schritt 46 Unfallverhütungsvorschriften zurückgezogen. Zum 1. Januar 2005 folgten weitere 23. Es handelt sich dabei überwiegend um maschinenspezifische UVVen für Altmaschinen. Nicht alle dieser Vorschriften wurden außer Kraft gesetzt. Bestimmte Alt-UVVen, z. B. für Krane, sind vorerst immer noch gültig.

Die Unfallverhütungsvorschrift „Grundsätze der Prävention" (BGV A1) wurde am 1. August 2014 abgelöst. Die DGUV Vorschrift 1 „Grundsätze der Prävention" beinhaltet die Pflichten der Unternehmen und der Arbeitnehmer für die Sicherheit und des Gesundheitsschutzes am Arbeitsplatz sowie die Organisation des betrieblichen Arbeitsschutzes.

Die neue Betriebssicherheitsverordnung (BetrSichV) vom 01.06.2015 enthält u. a. für die in Betrieben vorhandenen Altmaschinen die Regelung, dass sie den im Zeitpunkt der erstmaligen Bereitstellung geltenden Rechtsvorschriften (d. h. den Alt-UVVen) entsprechen müssen, mindestens jedoch den Anforderungen der §§ 8 und 9 der Verordnung. Damit bedarf es zur Geltung der in den Alt-UVVen enthaltenen Beschaffenheitsanforderungen nicht mehr dieser Vorschriften selbst, sondern sie können als eigenständiges Recht zurückgezogen werden.

BetrSichV §§ 6,9

Sowohl die verbliebenen als auch die zurückgezogenen UVVen haben für Alt- und Neumaschinen eine Bedeutung **(Abb. 11** auf **Seite 32)**.

ArbSchG § 1 (3) und § 2 (4) BetrSichV § 7

Die Bau- und Ausrüstungsbestimmungen in den noch gültigen und in den außer Kraft gesetzten Unfallverhütungsvorschriften sind für die sicherheitstechnische Beurteilung von Altmaschinen weiterhin heranzuziehen.

Kapitel 12

Bei den **Altmaschinen** handelt es sich um Maschinen, die keine CE-Kennzeichnung tragen und auch nicht tragen müssen (Einzelheiten dazu siehe **Kapitel 12**). Bezüglich Beschaffenheit gelten für diese heute in Deutschland betriebenen Maschinen neben der BetrSichV die entsprechenden Alt-UVVen mit dem jeweils letztgültigen Vorschriftenstand.

Abb. 11: Anwendung der berufsgenossenschaftlichen Vorschriften und Regeln bei Neu- und Altmaschinen

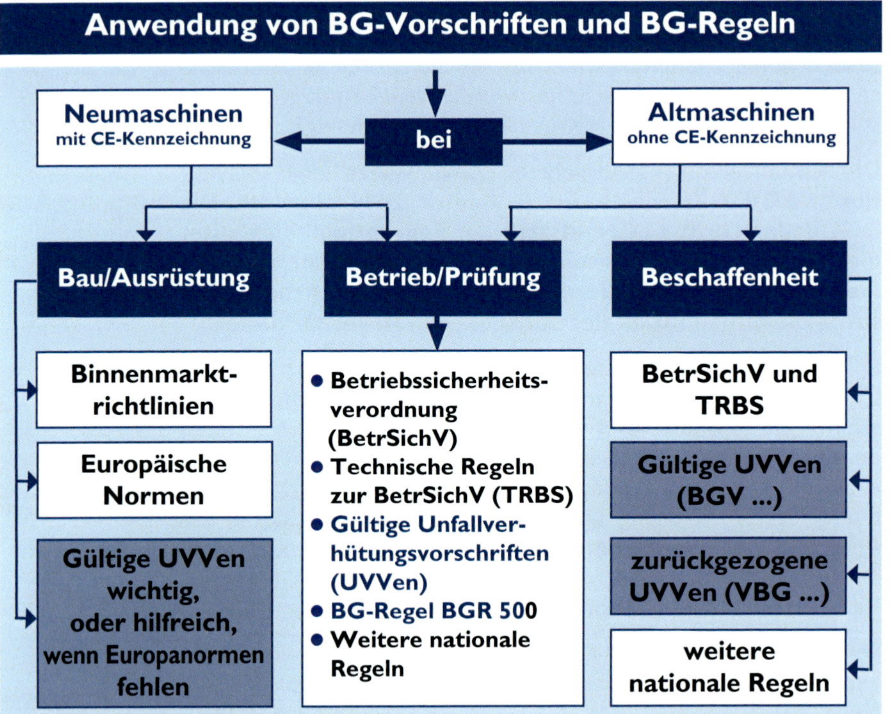

Für **Neumaschinen** mit CE-Kennzeichnung haben die in den Unfallverhütungsvorschriften enthaltenen Bau- und Ausrüstungsbestimmungen ihre rechtliche Verbindlichkeit verloren. Das gilt vorbehaltlich bestimmter Ausnahmen für Maschinen, die nach dem In-Kraft-Treten der EG-Maschinenrichtlinie am 1. 1. 1993 nach dieser Richtlinie gebaut und im EWR erstmals in Verkehr gebracht und in Betrieb genommen werden. **UVVen**

In den maschinenspezifischen Unfallverhütungsvorschriften wird für neue Maschinen betreffend Bau und Ausrüstung auf die EG-Maschinenrichtlinie bzw. die Maschinenverordnung verwiesen, d.h. die Unfallverhütungsvorschriften gelten diesbezüglich nicht mehr. Trotzdem haben sie eine Bedeutung für Neumaschinen, wenn Europanormen fehlen **(Abb. 11)**. **UVVen**

> Die Bau- und Ausrüstungsbestimmungen der Unfallverhütungsvorschriften können bei der Herstellung richtlinienkonformer Maschinen wichtig oder hilfreich sein, wenn entsprechende harmonisierte europäische Normen nicht zur Verfügung stehen **(Kapitel 4)**.

Kapitel 4

Die EG-Maschinenrichtlinie 89/392/EWG enthielt eine allgemeine 2-jährige Übergangsregelung. Danach durften die EG-Mitgliedstaaten bis zum 31. 12. 1994 das Inverkehrbringen und die Inbetriebnahme von Maschinen zulassen, die den bis zum 31. 12. 1992 in ihrem Gebiet geltenden Bestimmungen entsprachen **(Übergangsmaschinen)**.

MRL 89/392/EWG - altes Recht -

- Historie -

Innerhalb der Übergangsfrist konnten Maschinenhersteller frei entscheiden, ob sie nach europäischen Richtlinien oder nationalen Vorschriften bauen wollen.

Für Übergangsmaschinen ohne Konformitätszeichen gelten deshalb die in Unfallverhütungsvorschriften enthaltenen Bau- und Ausrüstungsbestimmungen ebenfalls weiter (**Abb. 11**).

Die in den noch gültigen Unfallverhütungsvorschriften enthaltenen **Betriebs- und Prüfbestimmungen** gelten für neue und alte Maschinen (**Abb. 11**).

ArbSchG § 1 (3) und § 2 (4)

Erhaltenswerte Betriebs- und Prüfbestimmungen der zurück gezogenen UVVen sind in der BG-Regel **„Betreiben von Arbeitsmit-**

BGR 500 **teln" (BGR 500)** zusammengestellt worden. Davon gibt es unterschiedliche Fassungen, weil die einzelnen Berufsgenossenschaften darin nur die Bestimmungen für solche Arbeitsmittel angeben, die in der jeweiligen Branche verwendet werden. Die letzte Fassung ist von 07/2023.

TRBS Das Bundesministerium für Arbeit und Soziales (BMAS) hat zur BetrSichV ein Technisches Regelwerk entwickelt. Die Berufsgenossenschaften haben dabei ihren Beitrag von geeigneten Inhalten wie BG-Regeln, z. B. der BGR 500, eingebracht. Da es sich hierbei um die Bestimmungen ehemaliger UVVen handelt, würden diese dadurch indirekt weitergelten.

Hinweise zu den neuen Technischen Regeln für Betriebssicherheit
Kapitel 11 (TRBS) siehe **Kapitel 11**.

Das berufsgenossenschaftliche Vorschriften- und Regelwerk ist im Internet unter **www.dguv.de/bgvr** einsehbar.

Unter welchen Voraussetzungen dürfen Maschinen in Verkehr gebracht und in Betrieb genommen werden?

Maschinen dürfen im Europäischen Wirtschaftsraum (EWR) **erstmals** nur dann in den Verkehr gebracht und in Betrieb genommen werden, wenn die von der EG-Maschinenrichtlinie und den nationalen Vorschriften zu deren Umsetzung genannten Voraussetzungen erfüllt sind (**Abb. 12** auf **Seite 36**).

MRL Art. 5
ProdSG § 3
9. ProdSV § 3

Nach ProdSG dürfen die Benutzer einer Maschine bei **bestimmungsgemäßer Verwendung** und vernünftigerweise **vorhersehbarer Fehlanwendung** nicht gefährdet werden. Letzterer Begriff wird in EN ISO 12 100 erläutert.

ProdSG § 3
EN ISO 12100

Das ProdSG enthält besondere Pflichten für das **Bereitstellen von Verbraucherprodukten** (z. B. Baumarktmaschinen) in Deutschland.

ProdSG § 6
Anlage VIII

Die wichtigste Voraussetzung für das erstmalige Inverkehrbringen und Inbetriebnehmen ist die Realisierung der grundlegenden Sicherheits- und Gesundheitsschutzanforderungen aller relevanten Binnen markt-Richtlinien, insbesondere der EG-Maschinenrichtlinie (MRL). Einzelheiten siehe Kapitel 4.

MRL Art. 5
Kapitel 4

Das in der EG-Maschinenrichtlinie 98/37/EG kontrovers diskutierte Thema, ob die so genannten Teilmaschinen auch bestimmte Voraussetzungen für das in Verkehr bringen erfüllen müssen, wurde durch die EG-Maschinenrichtlinie 2006/42/EG eindeutig geklärt. Unter dem Begriff **„unvollständige Maschinen"** sind auch hier bestimmte Voraussetzungen zu erfüllen. Besonders erwähnenswert sind die durchzuführende **Risikobeurteilung** und die mitzuliefernde Montageanleitung für die Integration der unvollständigen Maschinen in die maschinentechnischen Anlagen.

MRL Art. 13

Broschüre Sichere Maschinen in Europa - Teil 5

Die Realisierung der grundlegenden Anforderungen von Binnenmarktrichtlinien muss mit der richtlinienkonformen Planung und Konstruktion von Maschinen beginnen.

Broschüre Sichere Maschinen in Europa - Teil 3

– Risikobeurteilung –

Der Nachweis der richtlinienkonformen Planung und Konstruktion von Maschinen kann am besten mit einer **Risikobeurteilung** geführt werden, zu der jeder Hersteller verpflichtet ist

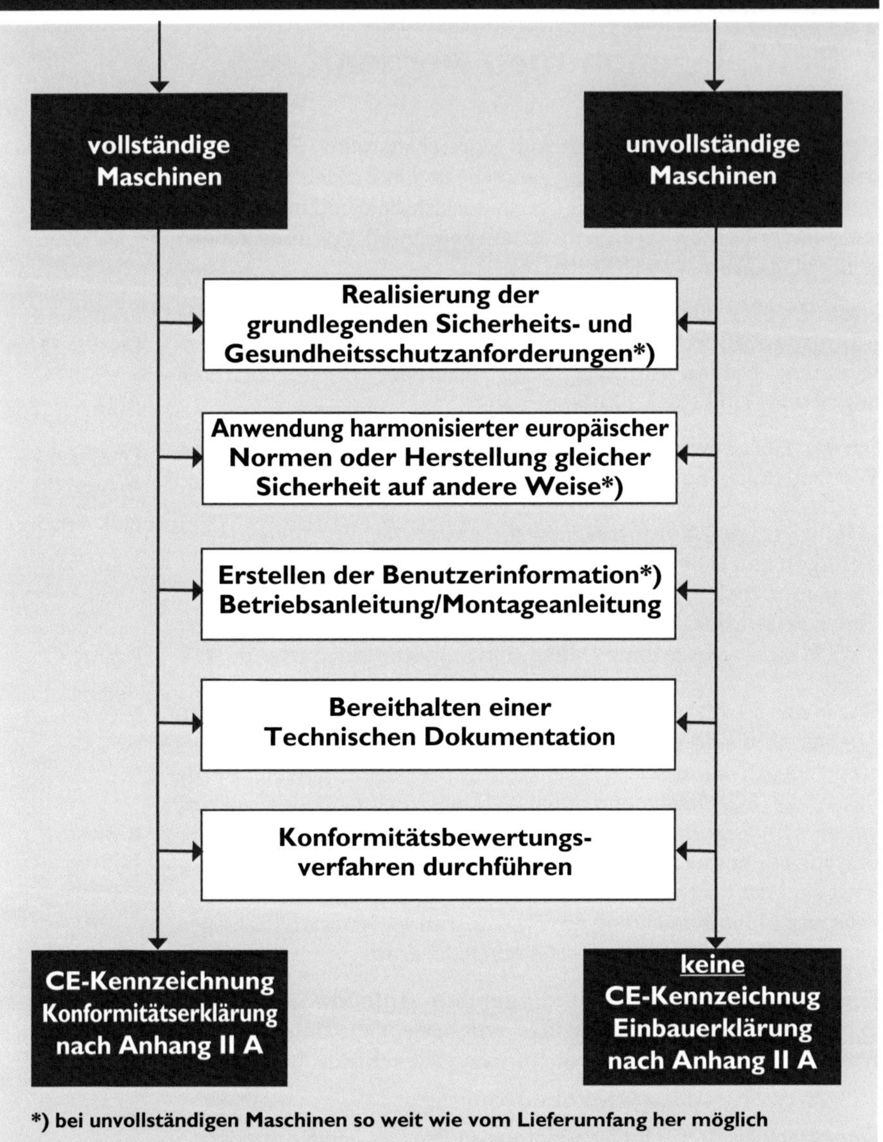

Abb. 12: Voraussetzungen für das erstmalige Inverkehrbringen und Inbetriebnehmen von Maschinen im EWR gemäß MRL 2006/42/EG

Weitere Voraussetzungen für das erstmalige Inverkehrbringen und Inbetriebnehmen nach EG-Maschinenrichtlinie sind:

- Erstellen einer richtlinienkonformen Benutzerinformation einschließlich **Betriebsanleitung** gemäß Anhang I Nr. 1.7.4 **(Kapitel 7.1)**.
- Bereithalten einer **Technischen Dokumentation** gemäß Anhang VII einschließlich Risikobeurteilung und Schutzmaßnahmenbeschreibung **(Kapitel 7.2)**.
- Gegebenenfalls Durchführung der **EG-Baumusterprüfung** gemäß Anhang IX für die in Anhang IV genannten Maschinen bzw. umfassende Qualitätssicherung nach Anhang X **(Kapitel 7.5)**.

MRL Anhang I

MRL Anhang VII

MRL Anhang IV, IX, X

Unterschiedliche besondere Voraussetzungen sind zusätzlich bei **verwendungsfertigen** und **unvollständigen Maschinen** zu beachten:

- Anbringen der **CE-Kennzeichnung** gemäß Anhang III an eine verwendungsfertige Maschine sowie Ausstellen der **EG-Konformitätserklärung** gemäß Anhang II A **(Kapitel 7.3)**.
- Ausstellen einer **„Einbauerklärung"** gemäß Anhang II B für eine unvollständige Maschine **(Kapitel 7.4)** – **ohne CE-Kennzeichnung** –.

MRL Anhang III+IIA

MRL Anhang IIB

Die genannten Voraussetzungen müssen vor dem erstmaligen Inverkehrbringen und Inbetriebnehmen erfüllt werden. Das gilt vor allem dann, wenn eine CE-Kennzeichnung angebracht und eine EG-Konformitätserklärung ausgestellt wird.

Broschüre Sichere Maschinen in Europa - Teil 5

Die unterschiedliche Vorgehensweise bei Inverkehrbringen und Inbetriebnahme bzw. bei Inverkehrbringen oder Inbetriebnahme zeigt die **Abb. 13** auf **Seite 38**.

MRL Art. 5

Im Sondermaschinenbau ist es wenig zielführend „halbfertige" Maschinen oder Anlagen konform zu erklären. Erfahrungsgemäß müssen technische und sicherheitstechnische Optimierungen vorgenommen werden. Die Dokumentation muss folgerichtig ständig angepasst werden.

Ein vertraglich fixiertes Inbetriebnahme-Datum unter der Voraussetzung, dass die Anforderungen der MRL erfüllt sind, ist immer anzustreben.

Wer Maschinen oder unvollständige Maschinen im EWR erstmals in den Verkehr bringt (bei Eigenbaumaschinen in Betrieb nimmt), ohne alle genannten Voraussetzungen zu erfüllen, handelt rechts widrig.

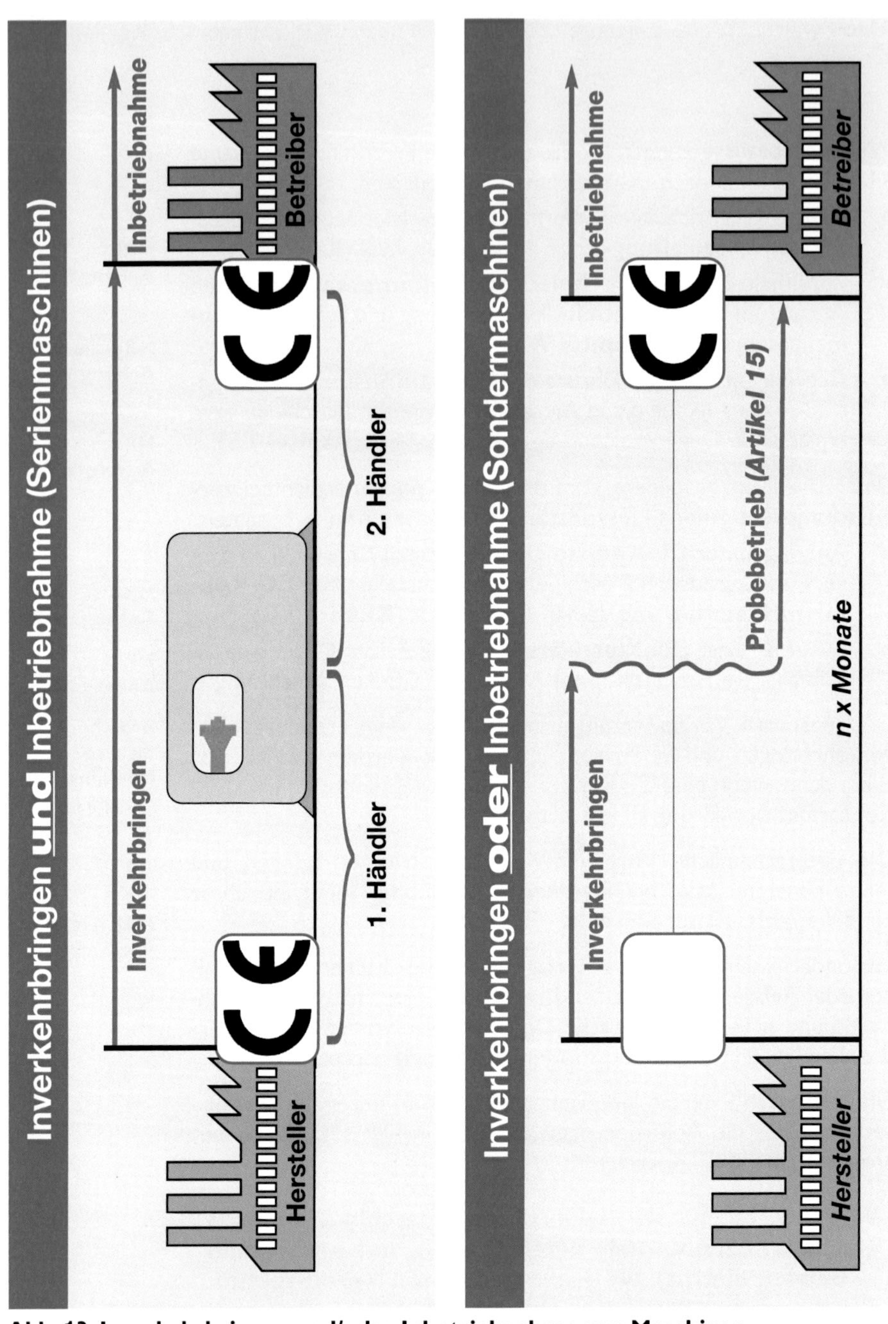

Abb. 13: Inverkehrbringen und/oder Inbetriebnahme von Maschinen

In solchen Fällen drohen **Rechtsfolgen**, insbesondere dann, wenn wegen Unterlassungen Maschinen mit Sicherheitsmängeln ausgeliefert werden, die zu Personenschäden führen können oder geführt haben **(Kapitel 15)**.

Kapitel 15

Die nationalen Überwachungsbehörden prüfen durch Stichproben, ob die genannten Voraussetzungen für das erstmalige Inverkehrbringen und Inbetriebnehmen von Maschinen erfüllt werden (Marktüberwachung). Die Maschinenrichtlinie 2006/42/EG verpflichtet die Mitgliedstaaten, für eine **effektive Marktüberwachung** zu sorgen.

MRL Art. 4

In Deutschland über wachen die **Staatlichen Marktüberwachungsbehörden** (im Bergbaubereich die Bergaufsicht) die Durchführung des Produktsicherheitsgesetzes und seiner Rechtsverordnungen.

Zuständige Überwachungsbehörde für das EMV-Gesetz ist die **Bundesnetzagentur**.

Anschrift siehe Kapitel 16

Das Verfahren zur Realisierung, Bewertung und Erklärung der Richtlinienkonformität basiert bei Maschinen grundsätzlich auf dem Prinzip der sog. **„Selbstzertifizierung"**, d. h.

- Hersteller müssen die Voraussetzungen für das erstmalige Inverkehrbringen und Inbetriebnehmen von Maschinen im EWR **eigenverantwortlich** erfüllen.
- Die meisten Maschinen dürfen **ohne Prüfung durch eine Prüfstelle** in den Verkehr gebracht werden (Ausnahme: Maschinen gemäß Anhang IV MRL in bestimmten Fällen).
- Der Hersteller darf mit der EG-Konformitätserklärung die Übereinstimmung seiner Maschine mit allen in Frage kommenden Binnenmarkt-Richtlinien **selbst bescheinigen**.
- Die CE-Kennzeichnung wird nicht vergeben, sondern **vom Hersteller selbst** an der Maschine angebracht. Das gilt auch für Maschinen, die ggf. einer EG-Baumusterprüfung unterliegen **(Kapitel 7.5)**.

Der mit diesen Befugnissen verbundene Vertrauensvorschuss erfordert eine verantwortungsbewusste Anwendung der europäischen und nationalen Sicherheitsbestimmungen.

Auch nach 30-jähriger Erfahrung mit der Anwendung des europäischen Maschinenrechtes werden beim Inverkehr-

bringen von Maschinen im EWR immer noch viele Fehler gemacht und häufig Maschinen angetroffen, die Sicherheitsmängel aufweisen.

7.1 Wie ist die Betriebsanleitung zu erstellen?

MRL Anhang I Nr. 1.7.4

Mit jeder Maschine im Sinne der EG-Maschinenrichtlinie muss eine Betriebsanleitung ausgeliefert werden, deren Inhalt in Anhang I der Richtlinie vorgegeben ist. In der Betriebsanleitung sind u. a. die **bestimmungsgemäße Verwendung** und **jede vernünftigerweise vorhersehbare Fehlanwendung** der Maschine zu beschreiben und Angaben über den von der Maschine ausgehenden Luftschall (Lärmemissionskennwerte) zu machen. Für bestimmte Maschinen (z. B. Schlagbohrmaschinen und Flur förderzeuge) ist auch die Angabe von Vibrationskennwerten erforderlich.

EN ISO 12100 EN 82079-1

Die Betriebsanleitung ist Teil der **Benutzerinformation**, die in EN ISO 12 100 beschrieben wird. Dazu gehören Signale, Warnanlagen und Warnhinweise an der Maschine. Die EN 82079-1 gibt eine gute Hilfestellung bei der Abfassung der Betriebsanleitung.

MRL Anhang I Nr. 1.7.4

Broschüre Sichere Maschinen in Europa Teil 5

Bei der Inbetriebnahme einer Maschine müssen die **Originalbetriebsanleitung** und eine **Übersetzung** in der oder den Sprache(n) des Verwendungslandes vorliegen. Diese müssen auch mit dem Vermerk versehen werden. Abweichend davon kann die **Wartungsanleitung** für Fachpersonal, das dem Hersteller oder seinem in der Gemeinschaft niedergelassenen Bevollmächtigten untersteht, in einer einzigen von dem Personal verstandenen Gemeinschaftssprache abgefasst sein.

Da eine Betriebsanleitung mit der Maschine ausgeliefert wird, ist sie Produktbestandteil. Sie muss deshalb richtlinienkonform sein und die für den Umgang mit einer Maschine notwendigen **Sicherheitshinweise** enthalten. Das ist besonders dann von Bedeutung, wenn ein Maschinenbenutzer – dem Stand der Technik entsprechend – **Restrisiken** hinnehmen muss, die durch sichere Verhaltensweisen ausgeglichen werden sollen.

Jeder Fehler in einer Betriebsanleitung kann zu Rechtsfolgen führen, wenn es sich um einen Instruktionsfehler handelt, der einen Unfall zur Folge hat.

Kapitel 15

Auf die korrekte Abfassung und Übersetzung von Betriebsanleitungen sollte großer Wert gelegt werden, um Rechtsfolgen zu vermeiden. Erforderlich ist die **Ausführung in Schriftform**. Eine Betriebsanleitung auf CD reicht nicht aus. Das gilt zumindest für sicherheitsrelevante Benutzerinformationen.

7.2 Was ist Gegenstand der „Technischen Dokumentation"?

Bevor der Hersteller einer Maschine oder sein in der Gemeinschaft niedergelassener Bevollmächtigter eine EG-Konformitätserklärung ausstellt, muss er dafür sorgen, dass in seinen Räumen zum Zweck einer etwaigen Kontrolle die in **Anhang VII EG-Maschinenrichtlinie** aufgeführten Unterlagen vorhanden sind.

Dazu gehören:

Broschüre Sichere Maschinen in Europa Teil 5

- Eine **Liste der grundlegenden Anforderungen der EG-Maschinenrichtlinie**, der Normen und anderen technischen Spezifikationen, die bei der Konstruktion der Maschine berücksichtigt wurden.
- Unterlagen der Risikobeurteilung zur Verhütung der von der Maschine ausgehenden Gefahren.
- Zu **dokumentierende Unterlagen** nach den Vorgaben weiterer Binnenmarktrichtlinien und bestimmter Europanormen, die bei der Konstruktion einer Maschine beachtet wurden.
- Ein Exemplar der **Betriebsanleitung** der Maschine.
- Kopie der EG-Konformitätserklärung oder Ähnliches.
- Für unvollständige Maschinen müssen spezielle technische Unterlagen vorhanden sein.

Diese Forderungen können im Rahmen einer dokumentierten Risikobeurteilung und Schutzmaßnahmenbeschreibung erfüllt werden.

Broschüre Sichere Maschinen in Europa Teil 3

Dokumentationsvorgaben enthalten u.a. die folgenden, allgemein an zuwendenden Europanormen:

Broschüre Sichere Maschinen in Europa Teil 4

EN ISO 12100: Leitsätze zur Risikobeurteilung

EN ISO 13849-1: Sicherheitsbezogene Teile von Steuerungen

EN ISO 12100

EN ISO 12100 behandelt **Gefährdungen und Risikoeinschätzungen** an Maschinen. Nach dieser Norm muss ein Nachweis des Verfahrensweges und der erreichten Ergebnisse möglich sein.

EN ISO 13849-1

EN ISO 13849-2

EN ISO 13849-1 beschreibt einen Prozess zur Auswahl und Gestaltung sicherheitsbezogener Teile einer Maschinensteuerung. Dazu gehört das Validieren (Durchführung von Prüfungen und Analysen) nach einem Validierungsplan. **Die Ergebnisse müssen in einem Validierungsbericht dokumentiert werden.** Einzelheiten der **Validierung** behandelt die EN ISO 13849-2.

MRL Anhang VII

Gemäß EG-Maschinenrichtlinie muss die technische Dokumentation nicht ständig und tatsächlich vorhanden sein, jedoch innerhalb eines Zeitraumes, der der Wichtigkeit der Unterlagen zu entsprechen hat, zusammengestellt und zur Verfügung gestellt werden können. **Die Aufbewahrungsfrist beträgt mindestens 10 Jahre** nach Herstellung einer Maschine oder, wenn es sich um eine Serienfertigung handelt, des letzten Exemplars der Maschine.

Kapitel 7.3

Nach Angaben der EG-Kommission können auch bei einer aus einem Drittland eingeführten Maschine die technischen Unterlagen beim Hersteller verbleiben. Ein in der Gemeinschaft niedergelassener Bevollmächtigter kann, muss aber nicht die Unterlagen besitzen. Bei einem **Direktimport** einer Maschine zum Zwecke des Verkaufs oder für den Eigengebrauch muss der Einführer entweder über die Unterlagen selbst verfügen oder kurzfristig vom Hersteller beschaffen können.

Broschüre Sichere Maschinen in Europa Teil 5

Die zur technischen Dokumentation gehörenden Unterlagen (mit Ausnahme der Betriebsanleitung) sind in einer der **Amtssprachen der Gemeinschaft** abzufassen. Zurzeit gibt es 24 Amtssprachen.

Kapitel 10

Abgesehen von der Betriebsanleitung müssen die Unterlagen nicht mit der Maschine ausgeliefert werden. Wünscht ein Maschinenbesteller die Herausgabe der technischen Dokumentation, muss er das privatertraglich regeln. **Ein Maschinenbesteller kann im Kauf vertrag verlangen, dass die technische Dokumentation oder ein Teil davon zum Lieferumfang einer Maschine gehört (Kapitel 10).**

7.3 Worauf ist bei der CE-Kennzeichnung und EG-Konformitätserklärung zu achten?

Das Anbringen der CE-Kennzeichnung an eine Maschine und das Ausstellen der EG-Konformitätserklärung ist nur zulässig, wenn die Voraussetzungen für das erstmalige Inverkehrbringen und Inbetriebnehmen insgesamt erfüllt sind **(Kapitel 7)**. Dazu gehört eine vollständig vorhandene und verfügbare technische Dokumentation.

MRL Art. 5
9. ProdSV § 3

Die CE-Kennzeichnung darf unter den gleichen Voraussetzungen **in einem Drittland** angebracht werden, wenn der Hersteller der Maschine dort ansässig ist.

Wer das CE-Kennzeichen anbringt und/oder eine EG-Konformitätserklärung abgibt, ohne den Nachweis der Richtlinienkonformität führen zu können, verstößt gegen Rechtsvorschriften.

Kapitel 2

Die EG-Kommission hat Grundsätze für den **„Schutz der CE-Kennzeichnung"** durch die nationalen Marktaufsichtsbehörden aufgestellt. Bei einer missbräuchlichen Verwendung der CE-Kennzeichnung drohen Rechtsfolgen; dessen haftungsrechtliche Bedeutung ist allerdings umstritten **(Kapitel 15)**.

Leitfaden der EG-Kommission

Kapitel 15

Das Kennzeichen „CE" ist ein Konformitätszeichen. Es darf nur an Maschinen angebracht werden, die konform sind (d. h. übereinstimmen) **mit allen** Vorschriften der EG-Maschinenrichtlinie und weiteren relevanten Binnenmarktrichtlinien. Unvollständige Maschinen, die eine Gefahr darstellen (z. B. wegen fehlenden Sicherheitseinrichtungen), dürfen deshalb **nicht** mit „CE" gekennzeichnet sein.

MRL Art. 5
und Art. 16

Broschüre Sichere Maschinen in Europa Teil 5

Die CE-Kennzeichnung darf nur an eine verwendungsfertige Maschine angebracht werden. Entsprechendes gilt für das Ausstellen der EG-Konformitätserklärung.

9. ProdSV § 3

Auswechselbare Ausrüstungen zur Änderung der Funktion einer Maschine müssen eigene CE-Kennzeichnungen tragen. Das Anbringen einer kompatiblen „Auswechselbaren Ausrüstung" mit eigener CE-Kennzeichnung und EG-Konformitätserklärung an eine Basismaschine erfordert **keine** übergeordnete CE-Kennzeichnung

MRL Art. 2b
9. ProdSV § 1 (1)

Broschüre Sichere Maschinen in Europa Teil 5

und EG-Konformitätserklärung für die miteinander verbundenen Komponenten.

Eine Maschine, die im Anlieferungszustand „funktionsfähig" ist, muss deshalb nicht „verwendungsfertig" sein. Beispiel: Ein Industrieroboter, der ohne Peripherie (Umzäunung) geliefert wird, funktioniert zwar, darf so aber nicht verwendet werden. Der Roboter ist erst dann „verwendungsfertig", wenn er über alle für seine bestimmungsgemäße Funktion erforderlichen Sicherheitseinrichtungen verfügt.

ProdSG § 2 (26)

Verwendungsfertig im vorgenannten Sinne ist eine Maschine nur dann, wenn sie richtlinienkonform ist und bestimmungsgemäß verwendet werden kann, ohne dass weitere Teile eingefügt oder angebaut werden müssen **(betriebsbereit gelieferte Maschine mit allen erforderlichen Sicherheitseinrichtungen)**.

Eine Maschine gilt auch dann noch als „verwendungsfertig", wenn sie ohne die Teile geliefert wird, die üblicherweise (in der Regel) gesondert beschafft und zwecks bestimmungsgemäßer Verwendung vor Ort eingefügt werden (z. B. **Maschinenwerkzeuge**).

MRL Art. 7 (1)

Zerlegt gelieferte Maschinen gelten erst nach ordnungsgemäßer Montage durch den Hersteller als „verwendungsfertig". Ausnahmen sind möglich, wenn die Montage keine besonderen Fachkenntnisse erfordert und eine verständliche Montageanleitung vorliegt.

MRL Art. 7 (1)

Leitfaden der EG-Kommission

Sind vor der Übergabe an den Verwender einer Maschine längere **Probeläufe, Testphasen, Messungen usw.** durch den Hersteller am Aufstellort mit nicht oder nicht vollständig wirksamen Schutzeinrichtungen erforderlich, darf die CE-Kennzeichnung erst nach Abschluss dieser Arbeiten angebracht werden, wenn die Maschine im vorgenannten Sinne „verwendungsfertig" ist und alle Sicherheits- und Gesundheitsanforderungen erfüllt.

Erwägungspunkt Nr. 14 zur MRL und Anhang I „Allgemeine Grundsätze"

Die EG-Maschinenrichtlinie lässt eine Abweichung von ihren verbindlichen Anforderungen zu, wenn die damit gesetzten Ziele **beim gegebenen Stand der Technik** nicht erreicht werden können. In solchen Fällen müssen auf der Basis einer dokumentierten Risikobeurteilung geeignete Ersatzschutzmaßnahmen getroffen werden. Die Abweichung ist in der Risikobeurteilung stichhaltig zu begründen und zu beschreiben.

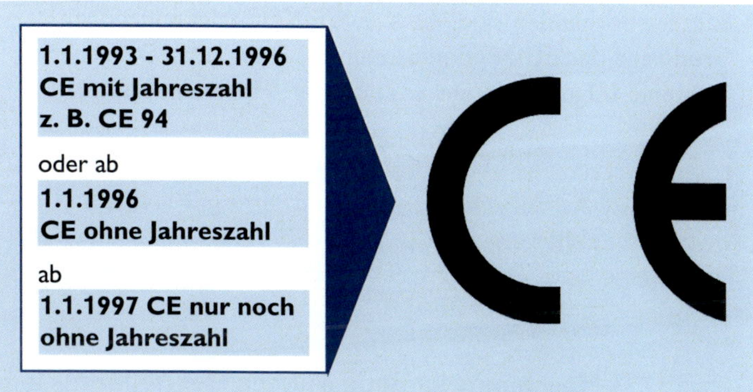

Abb. 14: CE-Kennzeichnung gemäß Anhang III MRL

Wer dem Stand der Technik entsprechend in begründeten Einzelfällen von den verbindlichen Sicherheits- und Gesundheitsschutzanforderungen der EG-Maschinenrichtlinie abweicht und geeignete Ersatzschutzmaßnahmen trifft, handelt richtlinienkonform. Die betreffende Maschine darf mit der CE-Kennzeichnung versehen und von einer EG-Konformitätserklärung begleitet werden.

Einzelheiten zur „CE-Konformitätskennzeichnung" (**Abb. 14**) **regelt Anhang III EG-Maschinenrichtlinie.** **MRL Anhang III**

Unterliegt eine Maschine bauartbedingt nicht nur der EG-Maschinenrichtlinie, sondern weiteren Binnenmarktrichtlinien, gibt die CE-Kennzeichnung an, dass die Maschine auch die Anforderungen der anderen Richtlinien erfüllt. Entsprechende Angaben müssen aus der EG-Konformitätserklärung für die Maschine ersichtlich sein. **MRL Art. 5 (4) 9. ProdSV § 3 (4)**

Jede Maschine im Sinne der EG-Maschinenrichtlinie darf grundsätzlich **nur eine CE-Kennzeichnung** tragen. **MRL Art. 16**

Ausnahmen können sich ergeben, wenn

- eine Maschine mit „Auswechselbaren Ausrüstungen" bestückt ist, die eigene CE-Kennzeichnungen besitzen,
- in eine komplexe Anlage Maschinen mit CE-Kennzeichnung integriert sind, die eigenständig betrieben werden können und über alle Sicherheitseinrichtungen für den Alleinbetrieb verfügen,

- Bauteile vorhanden sind, die z. B. CE-Kennzeichnungen auf der Grundlage der EG-Niederspannungs-, EMV- oder Druckgeräte-Richtlinie tragen (z. B. Elektromotoren, Hydraulikventile).

MRL Art. 5 (1)
9. ProdSV § 3
Muster
Anlage VII

> Jeder Hersteller ist verpflichtet, für eine Maschine oder „Auswechselbare Ausrüstung" mit CE-Kennzeichnung eine **EG-Konformitätserklärung** gemäß Anhang II A EG-Maschinenrichtlinie in einer der Sprachen des jeweiligen Verwendungslandes auszustellen und mitzuliefern.

MRL Art. 5 (1)
9. ProdSV § 3

Gemäß EG-Maschinenrichtlinie müssen Hersteller für jede einzelne Maschine die Richtlinienkonformität erklären. Aus einer EG-Konformitätserklärung muss unmissverständlich hervorgehen, auf welche Maschine sie sich bezieht. Für Serienprodukte können die Bescheinigungen z. B. die Angabe „Seriennummer x–y" enthalten (maximaler Herstellzeitraum ein Kalenderjahr). Bei serienmäßiger Maschinenherstellung ist es nicht erforderlich, dass jede EG-Konformitätserklärung handschriftlich unterzeichnet ist. Es genügt die Signatur der **zeichnungsberechtigten Person** des Herstellers.

MRL Art. 2i
9. ProdSV
§ 2 (10)

Eine EG-Konformitätserklärung muss vom Hersteller oder seinem in der Gemeinschaft niedergelassenen Bevollmächtigten **rechtsverbindlich unterschrieben** werden. **Es darf nur eine Person unterschreiben!**

Kapitel 7.2

Nach Angaben der EG-Kommission kann auch bei einer **aus einem Drittland eingeführten Maschine** die EG-Konformitätserklärung vom Hersteller bzw. von seinem in der Gemeinschaft niedergelassenen Bevollmächtigten ausgestellt und unterzeichnet sein. Bei einem **Direktimport** muss der Einführer über die notwendigen Unterlagen zur Feststellung der Konformität verfügen oder zu diesen Zugang haben **(Kapitel 7.2)**. Kommt bei einem Direktimport der Drittlandhersteller nicht seinen Verpflichtungen aus der EG-Maschinenrichtlinie nach, so obliegen diese Verpflichtungen der Person, die die Maschine in der Gemeinschaft in den Verkehr bringt bzw. bei Eigengebrauch in Betrieb nimmt.

MRL Art. 2i
9. ProdSV
§ 2 (10)

Für Maschinen, die innerhalb der allgemeinen 2-jährigen **Übergangsfrist (1993-1994)** der EG-Maschinenrichtlinie nach den alten nationalen Vorschriften gebaut worden sind **(Übergangsmaschinen)**, durften keine Konformitätserklärungen ausgestellt und CE-Kennzeichnung vorgenommen werden. In der Übergangszeit war allerdings die CE-Kennzeichnung möglich, wenn die Anforderungen einer Binnenmarktrichtlinie erfüllt waren.

Bei zugelieferten **Sicherheitsbauteilen** im Sinne der EG-Maschinenrichtlinie (z. B. Lichtschranken, Sicherheits-Positionsschalter) ist darauf zu achten, dass diese von einer Konformitätserklärung des Lieferanten gemäß **Anhang II A EG-Maschinenrichtlinie** begleitet sind. Sicherheitsbauteile tragen eine CE-Kennzeichnung.

MRL Art. 1 (1)
9. ProdSV § 1 (4) Nr. 3

Achtung! Bei **wesentlichen Veränderungen** einer Maschine, die eine CE-Kennzeichnung trägt, kann eine neue CE-Kennzeichnung und EG-Konformitätserklärung erforderlich werden.

7.4 Welchen Maschinen ist eine „Einbauerklärung“ beizufügen?

Maschinen, die alleine nicht funktionsfähig und/oder sicherheitstechnisch unvollständig sind, gelten als **„unvollständige Maschinen“**. Es kann sich dabei handeln um

MRL Art. 2 und Art. 5 (2)

Broschüre Sichere Maschinen in Europa Teil 5

- fast fertige Maschinen, die noch komplettiert werden müssen (z. B. lärmintensive Maschinen ohne Lärmschutzgehäuse),
- unvollständige Maschinen, die Teil einer komplexen Anlage werden sollen (z. B. Industrieroboter ohne Umzäunung) und
- sonstige maschinelle Komponenten und Zuliefererzeugnisse, die für den An- oder Einbau bestimmt sind (z. B. Antriebssysteme).

Eine bestellte Maschine, an der Schutzeinrichtungen fehlen und die nur im zusammen-, an-, eingebauten oder komplettierten Zustand bestimmungsgemäß betrieben werden darf, ist nicht in allen Punkten richtlinienkonform. Deshalb gilt:

MRL Art. 7

Unvollständige Maschinen dürfen nicht das Konformitätszeichen „CE“ tragen. Das Ausstellen von EG-Konformitätserklärungen ist für solche Maschinen ebenfalls unzulässig.

9. ProdSV § 6

Anhang II B

Der Hersteller einer unvollständigen Maschine muss eine Erklärung mitliefern, in der **die Inbetriebnahme so lange untersagt wird**, bis festgestellt wurde, dass die zusammengebaute/angebaute/eingebaute/komplettierte Maschine den **Bestimmungen der EG-Maschinenrichtlinie entspricht**. Der Inhalt einer solchen **„Einbauerklärung"** richtet sich nach **Anhang II B EG-Maschinenrichtlinie**.

Broschüre Sichere Maschinen in Europa Teil 5

Neu ist, dass Angaben darüber zu machen sind, welche grundlegenden Sicherheits- und Gesundheitsschutzanforderungen der EG-Maschinenrichtlinie zur Anwendung gekommen und eingehalten worden sind. Ferner muss ein Hinweis darauf enthalten sein, dass auf Verlangen der Aufsichtsbehörden die speziellen technischen Unterlagen nach Anhang VII B einschließlich der Montaganleitung bereitgestellt werden. Die mitzuliefernde Montageanleitung muss die Bedingungen enthalten, die erfüllt sein müssen, damit ein Zusammenbau ohne Beeinträchtigung der Sicherheit und Gesundheit von Personen erfolgen kann. Die Montageanleitung ist in einer Amtssprache der Europäischen Gemeinschaft abzufassen, die von dem Hersteller (Finalproduzent) der Maschine **akzeptiert** wird. **Achtung:** Hier liegt nicht die strenge Anforderung wie bei der Betriebsanleitung in der Verwender Sprache vor.

Die Einbauerklärung sollte in der Sprache des Empfängers abgefasst sein. Wichtig hierbei ist, dass es sich um eine Amtssprache der Europäischen Gemeinschaft handeln muss. **Eine private Vertragsregelung bezüglich der Sprache ist zu empfehlen**.

7.5 Wann muss die EG-Baumusterprüfung durchgeführt werden?

MRL Art. 12 (3)
9. ProdSV § 4

Maschinen müssen grundsätzlich nicht von einer neutralen Stelle geprüft werden. Durch die Vereinfachung der Konformitätsbewertung ist das umfassende Qualitätssicherungsverfahren bei Anhang IV „Maschinen" neu, anstelle der früheren verpflichtenden Baumusterprüfung, eingefügt worden.

Das obligatorische Einschalten einer benannten Stelle bei Maschinen nach Anhang IV entfällt, wenn diese nach harmonisierten Normen hergestellt werden. Hierbei haben Hersteller die Möglichkeit der „Selbstzertifizierung".

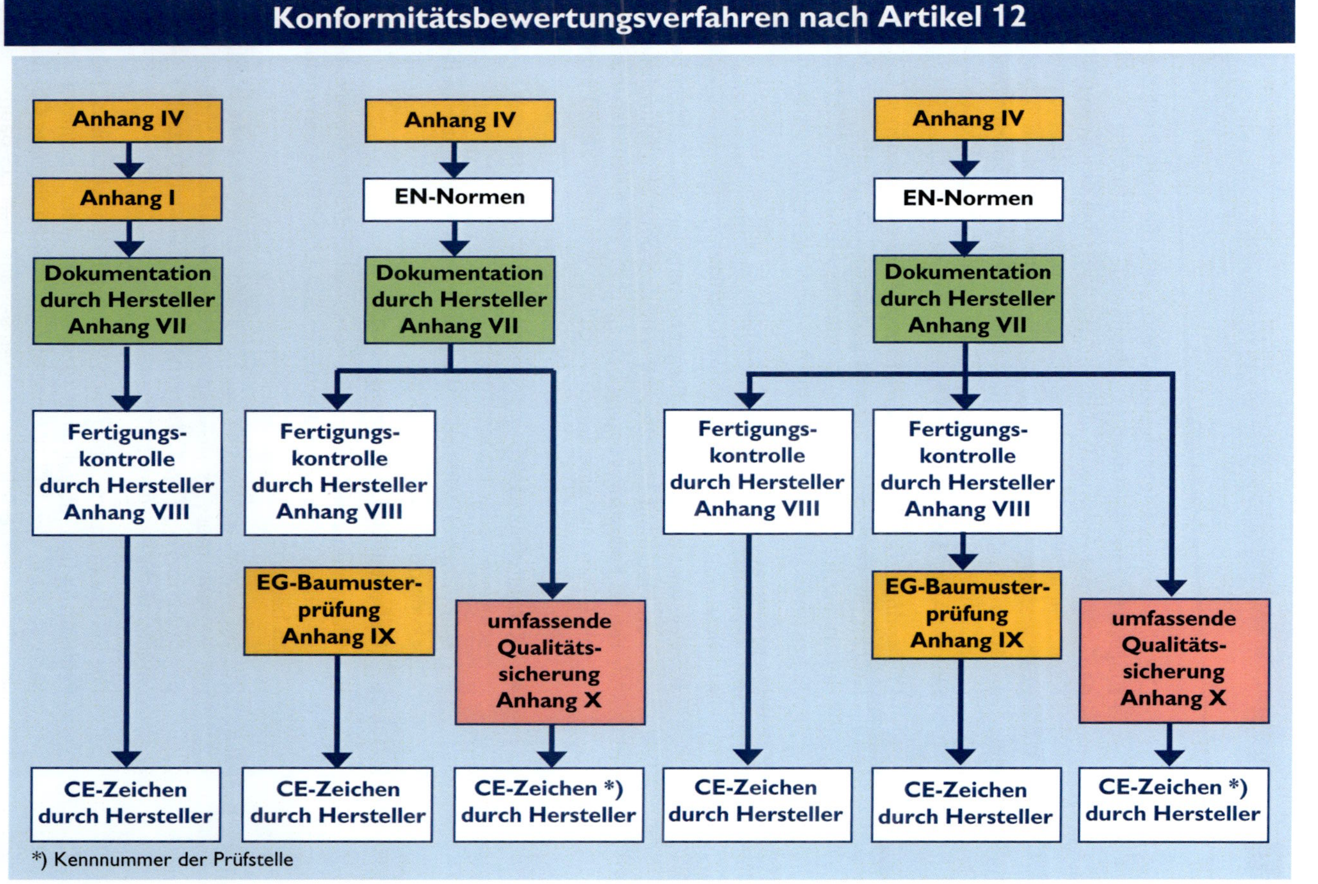

Abb. 15: Konformitätsbewertungsverfahren nach MRL

Die Übersicht auf der folgenden Seite stellt die Konformitätsbewertungsverfahren für Anhang I „Maschinen“ und Anhang IV „Maschinen“ dar. Bei Anhang IV „Maschinen“ muss bei der Bewertung der Konformität die Einbeziehung von Produktnormen (C-Normen) geprüft werden. Eine freiwillige Baumusterprüfung ist auch weiterhin an **allen** Maschinen möglich; beispielsweise bei Sondermaschinen oder Sicherheitsbauteilen, wo die Grundlagen der Produktnormen fehlen (**Abb. 15** auf **Seite 49**).

MRL Anhang IV

Die notifizierten Stellen (Baumusterprüfstellen) werden in Deutschland im Bundesanzeiger bekannt gemacht. Eine **„Liste der gemeldeten Stellen“** ist bei der Bundesanstalt für Arbeitsschutz und Arbeitsmedizin (BAuA) im Internet unter www.baua.de erhältlich.

Bei Maschinen nach Anhang IV handelt es sich u. a. um

- bestimmte Holzbearbeitungsmaschinen,
- Pressen, einschließlich Biegepressen, für die Kaltbearbeitung von Metall mit Handbeschickung und/oder Handentnahme, deren im Fertigungsvorgang bewegliche Teile einen Hub von mehr als 6 mm und eine Geschwindigkeit von mehr als 30 mm/s haben können,
- Kunststoffspritzgieß- oder -formpressmaschinen mit Handbeschickung oder Handentnahme,
- Gummispritzgieß-, oder -formpressmaschinen mit Handbeschickung oder Handentnahme,
- Hebebühnen für Fahrzeuge und
- Maschinen zum Heben von Personen und/oder Gütern, bei denen die Gefahr eines Absturzes aus einer Höhe von mehr als 3 m besteht.

Kapitel 8

Bei der Norm, auf die sich der Hersteller einer „Anhang IV-Maschine“ bezieht, muss es sich um eine **harmonisierte Sicherheitsproduktnorm (Typ C-Norm)** handeln, die im Amtsblatt der EU veröffentlicht worden ist.

Die EG-Baumusterprüfung nach EG-Maschinenrichtlinie ist bezüglich Prüfumfang und -ablauf nicht identisch mit einer Baumusterprüfung nach §§ 20 ff. ProdSG. Während im letzteren Fall das GS-Zeichen vergeben wird, erfolgt nach einer bestandenen EG-Baumusterprüfung **keine Zeichenvergabe durch die Prüfstelle**. Der Herstel-

Konformitätsbewertungsverfahren im Rahmen des Gemeinschaftsrechts

	A. Interne Fertigungskontrolle	B. Baumusterprüfung				G. Einzelprüfung	H. umfassende Qualitätssicherung
Entwurf	**Hersteller** - hält technische Unterlagen zur Verfügung der einzelstaatlichen Behörden **A. a** Einschaltung der benannten Stelle	**Hersteller unterbreitet der notifizierten Stelle** - technische Unterlagen - Baumuster **Notifizierte Stelle** - prüft Konformität mit grundlegenden Anforderungen - führt ggf. Prüfungen durch - stellt Baumusterbescheinigungen aus				**Hersteller** - legt technische Unterlagen vor	EN ISO 9001:2000 **Hersteller** - betreibt zugelassenes QS-System für den Entwurf - legt technische Unterlagen vor **notifizierte Stelle** - überwacht QS-System [2]
		C. Konformität mit Bauart	**D. QS-Produktion**	**E. QS-Produkte**	**F. Prüfung bei Produkten**		
Produktion	**A.** **Hersteller** - erklärt Konformität mit grundlegenden Anforderungen - bringt CE-Kennzeichnung an	**Hersteller** - erklärt Konformität mit zugelassener Bauart - bringt CE-Kennzeichung an	EN 29 002 **Hersteller** - unterhält zugelassenes QS-System für Produktion und Prüfung - erklärt Konformität mit zugelassener Bauart - bringt CE-Kennzeichnung an	EN 29 003 **Hersteller** - unterhält zugelassenes QS-System für Überwachung mit Prüfung - erklärt Konformität mit zugelassener Bauart bzw. grundlegenden Anforderungen - bringt CE-Kennzeichnung an	**Hersteller** - erklärt Konformität mit zugelassener Bauart bzw. grundlegenden Anforderungen - bringt CE-Kennzeichnung an	**Hersteller** - führt Produkt vor - erklärt Konformität - bringt CE-Kennzeichnung an	
	A. a **notifizierte Stelle** - prüft bestimmte Aspekte des Produkts [1] - führt Stichproben durch [1]	**notifizierte Stelle** - prüft bestimmte Aspekte des Produkts [1] - führt Stichproben durch [1]	**notifizierte Stelle** - erkennt QS-System an - überwacht QS-System	**notifizierte Stelle** - erkennt QS-System an - überwacht QS-System	**notifizierte Stelle** - prüft Konformität - stellt Konformitätsbescheinigung aus	**notifizierte Stelle** - prüft Konformität mit grundlegenden Anforderungen - stellt Konformitätsbescheinigung aus	**notifizierte Stelle** - prüft Konformität des Entwurfs - stellt EG-Entwurfsprüfbescheinigungen aus

[1]) Weitere Bestimmungen können in Einzelrichtlinien festgelegt werden [2]) QS = Qualitätssicherungssystem

Abb. 16: Konformitätsbewertungsverfahren (Modulsystem)

ler erhält lediglich eine **EG-Baumusterprüfbescheinigung**, auf die er in seiner EG-Konformitätserklärung hinweisen sollte.

An Maschinen, die einer freiwilligen Baumusterprüfung unterliegen (siehe **Abb. 15** auf **Seite 49**), darf die CE-Kennzeichnung vom jeweiligen Hersteller nur noch nach erfolgreich durchgeführter Prüfung angebracht werden.

Freiwillige Baumusterprüfungen für die vorgenannten oder andere Maschinen können Lieferanten und Besteller bei Auftragsvergabe vereinbaren.

Modulbeschluss 768/2008/EG

Die einzelnen **Verfahren zur Konformitätsbewertung von Produkten** im Rahmen des Gemeinschaftsrechts ergeben sich aus einem Modulsystem (Module A – H gemäß **Abb. 16**). In die EG-Maschinenrichtlinie ist das Modulsystem eingearbeitet. Die allgemeine Vorgehensweise bei Maschinen entspricht Modul A.

Die EG-Maschinenrichtlinie sieht für **Anhang IV-Maschinen** in bestimmter Weise folgende **Verfahren der Konformitätsbewertung** vor: Interne Fertigungskontrolle, EG-Baumusterprüfung, umfassende Qualitätssicherung.

Das obligatorische Einschalten einer benannten Prüfstelle entfällt, wenn die „Anhang-IV-Maschine" nach einer vorhandenen harmonisierten Produktnorm hergestellt wird. Erlaubt ist dann die **„Selbstzertifizierung" mit interner Fertigungskontrolle**.

Fehlt eine solche Produktnorm, muss eine benannte Prüfstelle eingeschaltet werden. Der Hersteller hat dann die Wahl zwischen der **EG-Baumusterprüfung** oder der **umfassenden Qualitätssicherung**.

Die Anwendung der Module D, E; F und G finden in der EG-Maschinenrichtlinie keine Anwendung!

Wird für Maschinen weiterhin das GS-Zeichen vergeben?

8

Im Bereich der freiwilligen Prüfung und Zertifizierung hat das GS-Zeichen **(Abb. 17)** nach wie vor seine Bedeutung. Es ist ab 1. 1. 1993 sogar qualitativ erheblich aufgewertet und den europäischen Kriterien und Modalitäten angeglichen worden. Bestrebungen anderer EU-Länder, Zeichen mit dem Inhalt und der Bedeutung des deutschen GS-Zeichens nicht mehr zuzulassen, haben sich nicht durchgesetzt. Die EG-Maschinenrichtlinie verbietet Kennzeichnungen, die mit der CE-Kennzeichnung verwechselt werden können.

MRL Art. 16

Die Vergabe des GS-Zeichens (GS = Geprüfte Sicherheit) ist in § 20 ProdSG geregelt. Danach darf dieses Zeichen nur von GS-Stellen vergeben werden. Es handelt sich dabei um „zugelassene Stellen" für bestimmte Aufgabenbereiche, die der Bundesanstalt für Arbeitsschutz und Arbeitsmedizin benannt und von dieser im Bundesanzeiger bekannt gemacht worden sind. Die jeweils **aktuellen Verzeichnisse zugelassener Stellen** sind im Internet unter www.baua.de abrufbar (siehe auch **Anlage VII** auf **Seite 111**)

ProdSG § 21 (4)

ProdSG § 23 (49

Anlage VII

GS-Stellen vergeben nach erfolgreicher **Baumusterprüfung** das GS-Zeichen und stellen über die Zuerkennung eine Bescheinigung aus, die auf **höchstens 5 Jahre** befristet ist. Das GS-Zeichen ersetzt nicht die CE-Kennzeichnung und darf nur zusätzlich angebracht werden.

Das **„DGUV Test" Prüf- und Zertifizierungssystem (Anlage VI)** führt im Rahmen ihrer Zulassungen ebenfalls Baumusterprüfungen zur Vergabe des GS-Zeichens durch. Für Produkte, die nicht das GS-Zeichen erhalten können, wird das **DGUV Test-Zeichen** vergeben **(Abb. 17)**. Die Vergabe dieses Zeichens ist an eine Produktionsüberwachung gebunden.

Anlage VII

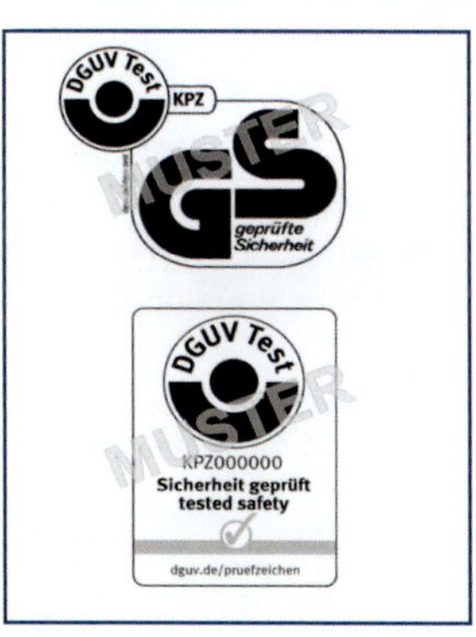

Abb. 17: Prüfzeichen

8 Wird für Maschinen weiterhin das GS-Zeichen vergeben?

Produkte	Beispiele
Verwendungsfertige Produkte, die bestimmungsgemäß bei der Arbeit verwendet werden.	Investitionsgüter, wie Maschinen und Anlagen, die nur im gewerblichen Bereich zur Anwendung kommen.
Zubehörteile für Arbeitseinrichtungen.	Werkzeuge, wie Bohrer, Fräsköpfe, Sägeblätter, Erodierelektroden.
Schutzausrüstungen, die nicht Teil einer Arbeitseinrichtung, aber für eine solche bestimmt sind.	Späneschutzschilde, Hitzeschutzschilde, PSA.
Teile technischer Produkte, die in einer Rechtsverordnung zum ProdSG erfasst sind.	Sicherheitsbauteile, wie z. B. Lichtschranken, Schaltmatten. Auswechselbare Ausrüstungen zur Änderungder Funktion einer Maschine.

Verwendungsfertige Verbraucherprodukte	Beispiele
Produkte, die für Verbraucher bestimmt sind oder von Verbrauchern benutzt werden können.	Alle Maschinen, die von Verbrauchern käuflich erworben werden können, wie Haushaltsmaschinen (z. B. Waschtrockner, Mixer) und Maschinen aus Baumärkten (z. B. Bohrhämmer, Rasenmäher).

Abb. 18: Produkte, für die nach ProdSG das GS-Zeichen vergeben werden kann

ProdSG § 22 (4)

Auch für die Vergabe des GS-Zeichens sind neben der Prüfung eines Baumusters **Kontrollmaßnahmen** zur Überwachung der Herstellung des Produktes und rechtmäßigen Verwendung des GS-Zeichens vorgeschrieben. Als Maßnahme zur Produktionsüberwachung kann z. B. ein zertifiziertes Qualitätsmanagementsystem **(QM-System)** anerkannt werden.

Welche Prüf- und Zertifizierungsstellen unterhalten die gewerblichen Berufsgenossenschaften?

Um im vereinten Europa effizient, konzentriert und einheitlich aufzutreten, wurde bei der Deutschen Gesetzlichen Unfallversicherung (DGUV) das Prüf- und Zertifizierungssystem **DGUV Test** gegründet (seit 01.07.2010).

Anschrift

Geschäftsstelle DGUV Test
Alte Heerstraße 111 · 53757 Sankt Augustin
Telefon 030 13001 4566 · E-Mail: dguv-test@dguv.de

Die berufsgenossenschaftlichen Prüf- und Zertifizierungsstellen sind für bestimmte Aufgabenbereiche gemeldete Stellen im Rahmen der EG-Maschinenrichtlinie und anderer Binnenmarktrichtlinien bzw. zugelassene Stellen gemäß Produktsicherheitsgesetz. Diese werden in Deutschland durch die Zentralstelle der Länder für Sicherheitstechnik (ZLS) akkreditiert und ggf. der Europäischen Kommission in Brüssel gemeldet (Notifizierung).

Neben der Prüfung und Zertifizierung von Baumustern ist das Zertifizieren von Qualitätssicherungssystemen (QS- bzw. QM-Systemen nach der Normenreihe EN ISO 9000 ff.) bei Herstellern eine wesentliche Aufgabe von DGUV Test.

Die Anschriften und Zuständigkeiten von Prüf- und Zertifizierungsstellen der gewerblichen Berufsgenossenschaften können der **Anlage VII** auf **Seite 111** entnommen werden.

Anlage VII

Die bisher geprüften Maschinen und anderen Produkte sind in einer **Datenbank** enthalten, die unter der **Internet-Adresse** **www.dguv.de/dguv-test** einsehbar ist.

Die monatlich aktualisierte Datenbank bietet die Möglichkeit über Suchbegriffe (z. B. Produktbezeichnung, Typ, Hersteller, Prüfstelle, Prüfnummer) an nützliche Informationen für die Maschinenbeschaffung und -prüfung zu kommen. Neben den geprüften Produkten sind auch die Tätigkeitsbereiche recherchierbar, die von den Prüf- und Zertifizierungsstellen im DGUV Test abgedeckt werden.

Wie sollten Maschinen bestellt werden?

10

Kapitel 11

Unter Berücksichtigung der gültigen Rechtsgrundlagen werden bei der Bestellung einer Maschine im Sinne der EG-Maschinenrichtlinie bestimmte Zusätze im Auftragsschreiben empfohlen, z. B.

Kapitel 1

Mit der Annahme des Auftrages verpflichtet sich der Auftragnehmer, folgende Bestimmungen bzw. Forderungen zu beachten:

ProdSG
9. ProdSV
EMVG
MRL
EN-Normen

- Produktsicherheitsgesetz (ProdSG)
- 9. Verordnung zum Produktsicherheitsgesetz (Maschinenverordnung – 9. ProdSV),
- sonstige für die bestellte Maschine anzuwendenden Rechtsverordnungen zum ProdSG,
- Gesetz über die elektromagnetische Verträglichkeit von Geräten,
- EG-Maschinenrichtlinie 2006/42/EG,
- sonstige anzuwendende Gemeinschafts-Richtlinien der EU,
- alle für die bestellte Maschine geltenden harmonisierten europäischen Normen, insbesondere

____

____

Kapitel 4 bis 6

Fehlen für die bestellte Maschine harmonisierte europäische Normen, verpflichtet sich der Auftragnehmer die **deutschen** Normen und technischen Spezifikationen zu beachten, die im **„Verzeichnis 2 zum nichtharmonisierten Bereich“** gelistet hat. Neu ist hier auch die Erwägung im § 5 ProdSG!

Wird in begründeten Fällen von harmonisierten europäischen Normen oder deutschen Normen und technischen Spezifikationen abgewichen, ist nachzuweisen und zu dokumentieren, dass die gleiche Sicherheit auf andere Weise erreicht wurde.

Die Verpflichtung schließt ein, dass

Kapitel 7
Kapitel 7.3

- an einer verwendungsfertigen Maschine die **CE-Kennzeichnung** angebracht ist,

- für eine Maschine mit CE-Kennzeichnung eine **EG-Konformitätserklärung** in deutscher Sprache nach Anhang II A EG- Maschinenrichtlinie ausgestellt und beigefügt ist, Anlage VIII auf Seite 114
- einer unvollständigen Maschine die **Einbauerklärung** und Montageanleitung gemäß Anhang II B EG-Maschinenrichtlinie beiliegt. **Die Realisierung der Beschaffenheitsanforderungen relevanter Binnenmarktrichtlinien wird – soweit es vom Lieferumfang her möglich ist – zur Bedingung gemacht und ist zu bescheinigen,** Anlage IX auf Seite 115 Kapitel 7.4
- für eine Maschine nach Anhang IV EG-Maschinenrichtlinie eine **Bescheinigung einer zugelassenen Prüf- und Zertifizierungsstelle** vorgelegt wird (ggf. Nachweis der EG-Baumusterprüfung), Kapitel 7.5
- eine **Betriebsanleitung** gemäß Anhang I EG-Maschinenrichtlinie und EN ISO 12100 in deutscher Sprache bei gefügt ist (ein schließlich den darin verlangten **Lärmemissions- und ggf. Vibrationskennwerten**), Kapitel 7.1
- eine **Technische Dokumentation** gemäß Anhang VII EG-Maschinenrichtlinie bereitgehalten wird. Folgende Bestandteile der technischen Dokumentation gehören zum Lieferumfang der Maschine: Kapitel 7.2

____

____

Diese Verpflichtungen sind Teil des Kaufvertrages. Werden sie nicht erfüllt, gilt der Auftrag als nicht ordnungsgemäß durchgeführt. Schadensersatzansprüche wegen sich daraus ergebenden Folgen bleiben vorbehalten.

Die Zusätze zum Auftragsschreiben können im EWR-Raum auch für die Bestellung wesentlich veränderter **Gebrauchtmaschinen** verwendet werden, die wie neue Maschinen zu betrachten sind. Die genannten Zusätze sind weiterhin anwendbar bei der Bestellung von **Maschinen, die (neu oder alt) aus einem Drittland** in den Europäischen Wirtschaftsraum eingeführt werden **(Kapitel 13)**. Kapitel 13

Die Vertragspartner können vereinbaren, dass der Maschinenbetreiber für eine unvollständig gelieferte Maschine (ohne CE-Kenn-

MRL Art. 2i 9. ProdSV § 2 (10)

zeichnung) wesentliche Ausrüstungsteile (z. B. die Umzäunung) selbst beistellt und diese auch anbringt. Dadurch ist der Betreiber aber unter Umständen verpflichtet, für die gesamte Maschine Richtlinienkonformität zu erklären.

Wird eine **komplexe Anlage** zusammengestellt, sollte bei Vertragsabschluss die Gesamtverantwortung demjenigen übertragen werden, der die Hauptmaschine bzw. den überwiegenden Teil der Einzelmaschinen liefert, weil sonst der Betreiber selbst die Konformität der komplexen Anlage mit den Binnenmarktrichtlinien erklären muss.

Anlage IX Seite 115

Die **Einbauerklärung nach Anhang II B MRL** enthält keine Aussagen zur Richtlinienkonformität. Entsprechende Angaben benötigt aber derjenige, der in solchen Fällen die umfassende Konformitätsverantwortung für die Gesamtheit trägt.

Der „Hersteller" einer derartigen Maschine/Anlage muss für die Gesamtheit die Richtlinienkonformität erklären. Dies ist umso einfacher, je mehr er Zulieferer in die Pflicht nimmt. In Kaufverträgen sollte deshalb für unvollständige Maschinen eine weitgehende Realisierung der Beschaffenheitsanforderungen relevanter Binnenmarktrichtlinien, insbesondere der EG-Maschinenrichtlinie, verlangt werden.

Kapitel 7.2

Der Besteller kann privatrechtlich vereinbaren, dass bestimmte **Teile der technischen Dokumentation** (z. B. Risikobeurteilung, Schutzmaßnahmenbeschreibung, Stromlaufplan usw.) zum Lieferumfang der Maschine gehören.

LärmVibrations ArbSchV § 6

Die Käufer lärmintensiver Maschinen werden auf Beschaffungsbestimmungen der Lärm- und Vibrations-Arbeitsschutzverordnung vom 6.3.2007 (letzte Fassung 10/2021) hingewiesen. An den Lieferer einer Maschine sollten entsprechende Forderungen gestellt werden, um § 6 der Vorschrift zu erfüllen.

32. BImSchV

Wenn Maschinen beschafft werden, die zur Verwendung im Freien vorgesehen sind, ist die **„Geräte- und Maschinenlärmschutzverordnung"** vom 6.9.2002 (letzte Änderung vom 16. Juli 2021) zu.

Was müssen Benutzer von Maschinen bei der Arbeit im Betrieb beachten?

Im Europäischen Wirtschaftsraum wird die Benutzung von Maschinen bei der Arbeit durch die **EG-Arbeitsmittel-Benutzungs-Richtlinie**, kurz **EG-Arbeitsmittel-Richtlinie (AMBR)**, und die nationalen Umsetzungsvorschriften geregelt. Hinzu kommen nationale Betriebsbestimmungen, die in Deutschland hauptsächlich in berufsgenossenschaftlichen Vorschriften und Regeln enthalten sind.

AMBR 89/655/EWG - Historie -

BGV
BGR 500

Die EG-Arbeitsmittel-Richtlinie ist keine Binnenmarkt-Richtlinie, sondern eine weit gefasste **Arbeitsschutz-Richtlinie**. Sie enthält Mindestvorschriften für die Sicherheit und den Gesundheitsschutz bei der Benutzung von Arbeitsmitteln aller Art (**Abb. 19** auf **Seite 60**).

Im Dezember 1995 hat der Rat der Europäischen Union die aus dem Jahr 1989 stammende EG-Arbeitsmittel-Richtlinie geändert. Eingefügt wurden zusätzliche Mindestvorschriften für besondere Arbeitsmittel (z. B. Flurförderzeuge, Hebezeuge) und ein Anhang über die Benutzung der Arbeitsmittel. Neu waren auch Bestimmungen für die Überprüfung der Arbeitsmittel und die Berücksichtigung ergonomischer Grundsätze.

1. Änderungsrichtlinie zur AMBR RL 95/63/EG

Der Anhang 1 der geänderten EG-Arbeitsmittel-Richtlinie enthält Mindestvorschriften für den Bau- und Ausrüstungszustand von Arbeitsmitteln. Davon sind insbesondere Altmaschinen ohne CE-Kennzeichnung betroffen. Die Maschinen müssen ggf. an die Mindestvorschriften angepasst werden (Kapitel 12).

- Historie -

Kapitel 12

Bei der EG-Arbeitsmittel-Richtlinie handelt es sich um eine von vielen zur **EG-Rahmenrichtlinie Arbeitsschutz** gehörenden Einzelrichtlinien. Die Rahmenrichtlinie wurde in Deutschland mit dem **Arbeitsschutzgesetz**, die EG-Arbeitsmittel-Richtlinie zunächst mit der **Arbeitsmittelbenutzungsverordnung (AMBV)** in nationales Recht umgesetzt (ohne Berücksichtigung der Änderungsrichtlinie vom 5.12.1995).

ArbSchG
AMBR
- Historie -

Im Juni 2001 erließ der Rat eine weitere Änderungsrichtlinie. Darin wird die Benutzung von Arbeitsmitteln geregelt, die für zeitweiliges Arbeiten an hoch gelegenen Arbeitsplätzen bereitgestellt werden (z. B. Leitern und Gerüste).

2. Änderungsrichtlinie zur AMBR RL 2001/45/EG

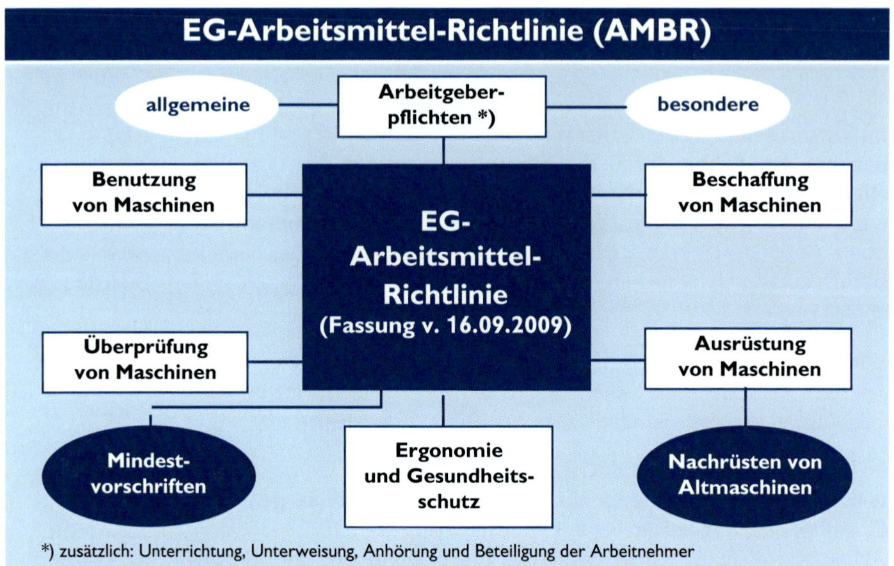

Abb. 19: Regelungsumfang der EG-Arbeitsmittel-Richtlinie

Betriebssicherheitsverordnung

AMBR 2009/104/EG

BetrSichV

Die **Betriebssicherheitsverordnung** (BetrSichV) ist die deutsche Umsetzung der Arbeitsmittelrichtlinie 89/655/EWG, später ersetzt durch Richtlinie 2009/104/EG, und regelt in Deutschland die Bereitstellung von Arbeitsmitteln durch den Arbeitgeber, die Benutzung von Arbeitsmitteln durch die Beschäftigten bei der Arbeit sowie den Betrieb von überwachungsbedürftigen Anlagen im Sinne des Arbeitsschutzes. Das in ihr enthaltene Schutzkonzept ist auf alle von Arbeitsmitteln ausgehenden Gefährdungen anwendbar.

NEU: BetrSichV

Titel:	Verordnung über Sicherheit und Gesundheitsschutz bei der Verwendung von Arbeitsmitteln.
Kurztitel:	Betriebssicherheitsverordnung
Abkürzung:	BetrSichV
Inkrafttreten am:	1. Juni 2015
Überarbeitung und Novellierung der BetrSichV	Beginn in 2023; ggf. in 2024 Veröffentlichung

Die bisher gültige Arbeitsmittelbenutzungverordnung (AMBV) wurde zurückgezogen und in die BetrSichV integriert. In der neuen Rechtsverordnung sind auch die zwei Änderungsrichtlinien zur AMBR und die Explosionsschutz-Richtlinie 1999/92/EG berücksichtigt (**Abb. 20**). In der Betriebssicherheitsverordnung 2015 wurden im Gegensatz zur BetrSichV 2002 nur noch die Prüfvorschriften zum betrieblichen Explosionsschutz in deutsches Recht umgesetzt.

Ex-Schutz-Richtlinie 1999/92/EG - Historie -

Die Betriebssicherheitsverordnung enthält eine Reihe Bestimmungen, die folgende Punkte betreffen:

BetrSichV

- Gefährdungsbeurteilung
- Anforderung an die zur Verfügung gestellten Arbeitsmittel
- Schutzmaßnahmen bei der Verwendung von Arbeitsmitteln
- Instandhaltung von Änderungen an Arbeitsmitteln
- Prüfung von Arbeitsmitteln durch „befähigte Personen“
- Prüfvorschriften für überwachungsbedürftige Anlagen, Aufzugsanlagen und Druckanlagen

Auf der Grundlage von § 21 BetrSichV hat der **Ausschuss für Betriebssicherheit (ABS)** seine Arbeit aufgenommen. Vordringliche Aufgabe ist, das vorhandene technische Regelwerk zu den überwachungsbedürftigen Anlagen sowie die Vorschriften und Regelungen der Unfallversicherungsträger zu Arbeitsmitteln, in ein neues technisches Regelwerk zu überführen. Dabei gilt es, bestehende Doppelregelungen, Überschneidungen und Widersprüche zu beseitigen.

BetrSichV

Die **Technischen Regeln für Betriebssicherheit (TRBS)** sind gefährdungsorientiert aufgebaut. Ergänzend dazu ist geplant, von den Unfallversicherungsträgern **Handlungshilfen** zu erstellen, die insbesondere für kleine und mittlere Unternehmen gedacht sind. Darin sollen konkrete, branchen- und arbeitsmittelbezogene Lösungen enthalten sein, die zeigen, wie die Anforderungen der BetrSichV erfüllt werden können (siehe hierzu **Anlage XI**: Checklisten für alte und neue Werkzeugmaschinen).

TRBS

Anlage XI

Welche Auswirkungen die Betriebssicherheitsverordnung auf das BG-Vorschriftenwerk hat, ist in **Kapitel 6** erläutert.

Kapitel 6

EG-Vertrag Art. 153 (Art. 118a) (Art. 137)

Die EG-Arbeitsmittel-Richtlinie gehört zu den Richtlinien, die nur Mindestvorschriften enthalten. Bei der Umsetzung in nationales Recht ist es jedem Mitgliedsstaat freigestellt, national einen höheren Standard festzuschreiben, sofern sich daraus keine Handelshemmnisse ergeben. In Deutschland wurde die EG-Arbeitsmittel-Richtlinie national weitgehend inhaltsgleich umgesetzt.

AMBR Art. 4

- Historie -

Arbeitgeber dürfen nach der EG-Arbeitsmittel-Richtlinie seit dem 1. 1. 1993 Arbeitnehmern grundsätzlich nur solche Arbeitsmittel erstmalig zur Verfügung stellen, **die den Bestimmungen aller gelten den einschlägigen Gemeinschaftsrichtlinien entsprechen.**

BetrSichV § 5

Die Betriebssicherheitsverordnung (BetrSichV) verlangt, dass in einem Betrieb erst malig zur Verfügung gestellte Arbeitsmittel (hier: Maschinen) solchen Rechtsvorschriften entsprechen müssen, durch die Gemeinschaftsrichtlinien in deutsches Recht umgesetzt werden (z. B. der Maschinenverordnung, die in Deutschland die EG-Maschinenrichtlinie national umsetzt).

Diese Bestimmung gilt deshalb – unter Beachtung von Übergangsfristen und Stichtagen – für die Bereitstellung neuer und wesentlich veränderter Maschinen sowie für alle Maschinen aus Drittländern, aber nicht für aus EWR-Ländern beschaffte, unveränderte Gebrauchtmaschinen ohne CE-Kennzeichnung.

Kapitel 13

Die erstmalige Bereitstellung neuer und alter Gebrauchtmaschinen in einem Betrieb wird im **Kapitel 13** behandelt.

- Historie -

Die Forderung der EG-Arbeitsmittel-Richtlinie zur Bereitstellung neuer Maschinen wurde bereits mit Wirkung vom 1. 1. 1993 in allen maschinenspezifischen Unfallverhütungsvorschriften berücksichtigt.

Dies bedeutet, dass bei neuen Maschinen die Übereinstimmung mit den Bestimmungen der EG-Maschinenrichtlinie (und ggf. weiteren relevanten Binnenmarktrichtlinien) durch eine **EG-Konformitätserklärung** nach Anhang II sowie das EG-Zeichen nach Anhang III der Richtlinie nachzuweisen ist.

Bei der in der EG-Arbeitsmittel-Richtlinie und in nationalen Umsetzungsvorschriften enthaltenen Bereitstellungsforderungen sind die in den Binnenmarktrichtlinien angegebenen Übergangsbestimmungen zu beachten.

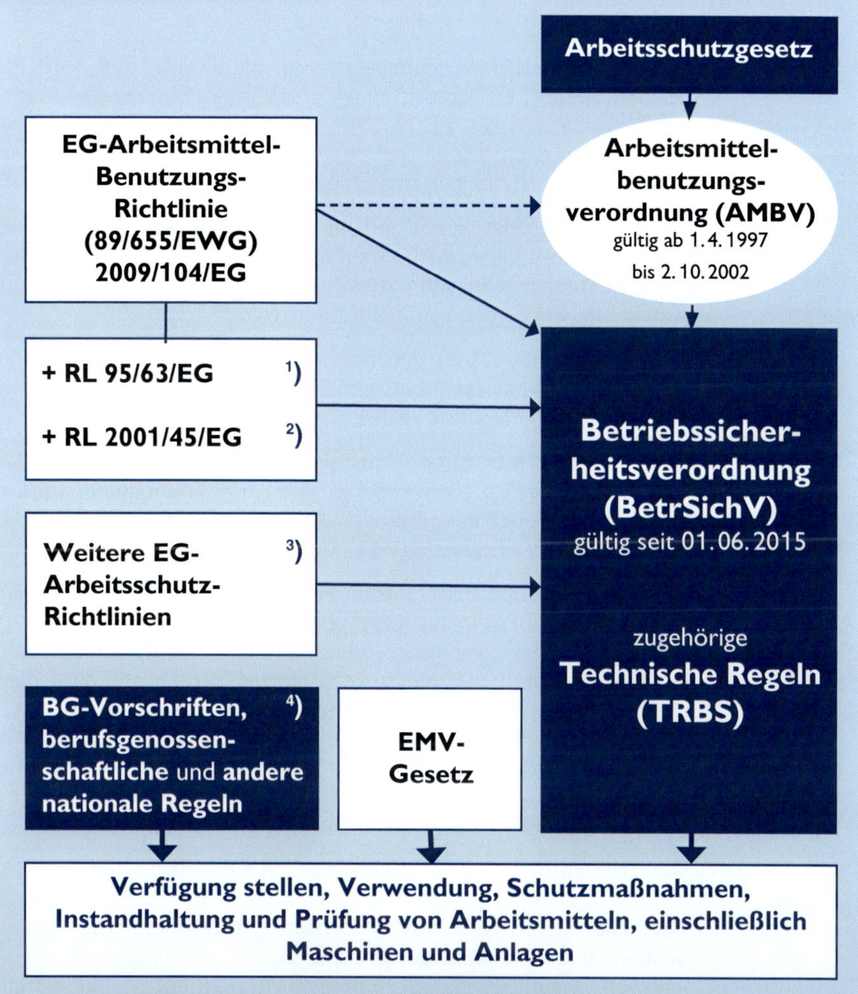

1) Benutzung mobiler, selbst fahrender und nicht selbst fahrender Arbeitsmittel sowie Benutzung von Arbeitsmitteln zum Heben von Lasten (und Personen).

2) Benutzung von Arbeitsmitteln, die für zeitweiliges Arbeiten an hoch gelegenen Arbeitsplätzen bereitgestellt werden.

3) z. B. Arbeitnehmer-Explosionsschutz-Richtlinie 1999/92/EG (Prüfvorschriften)

4) Unfallverhütungsvorschriften, BG-Regel BGR 500 und andere nationale Regeln, z. B. VDI-Richtlinie 2854 „Sicherheitstechnische Anforderungen an automatisierte Fertigungssysteme“

Abb. 20: Sicherheitsbestimmungen für die Verwendung von Arbeitsmitteln

Gemäß EG-Maschinenrichtlinie durften bis 31.12.1994 noch Maschinen ohne CE-Kennzeichnung erstmals in Betrieb genommen werden, die den bis 31.12.1992 in der Bundesrepublik gültigen Vorschriften entsprachen und bis 31.12.1994 in Verkehr gebracht worden waren (Übergangsmaschinen).

Für bestimmte Maschinen und maschinelle Anlagen galten andere Übergangsregelungen. **Abb. 5** auf **Seite 17** zeigt, seit wann Binnenmarktrichtlinien zwingend anzuwenden sind und nationale Bau- und Ausrüstungsbestimmungen nicht mehr gelten.

Die grundlegenden Anforderungen der Binnenmarktrichtlinien müssen spätestens bei der Inbetriebnahme einer neuen oder wie „neu anzusehenden" Maschine realisiert sein.

Unter **„Inbetriebnahme"** im Sinne der EG-Maschinenrichtlinie wird die erstmalige Verwendung durch den Endbenutzer im Gebiet der Gemeinschaft verstanden. Damit ist der Beginn der bestimmungsgemäßen Verwendung durch den Betreiber gemeint.

Bei Maschinen und maschinellen Anlagen, die nicht betriebsbereit geliefert werden, ist in der Regel vor der o. a. Inbetriebnahme durch den Endbenutzer eine mehr oder weniger lange Phase der Inbetriebnahme durch den Hersteller erforderlich. Diese Phase dient der **fachgerechten Montage und Installation** sowie der Durchführung von **Tests, Messungen und Probeläufen**. Dazu gehören alle Arbeitsgänge, die erforderlich sind, damit eine Maschine oder maschinelle Anlage anschließend sicher funktioniert und sicher benutzt werden kann.

Die **Erprobung einer Maschine beim Betreiber** gilt dann noch nicht als Überlassung, wenn sie ausschließlich durch Mitarbeiter des Herstellers durchgeführt wird. Unabhängig davon sind bei der Erprobung einer Maschine geeignete Ersatzschutzmaßnahmen zu treffen, wenn die für den späteren Betrieb vorgesehenen Schutzeinrichtungen nicht oder nicht vollständig genutzt werden können.

Kapitel 10

Um die genannte Bereitstellungsvorschrift zu erfüllen, sollten Maschinen nur schriftlich unter Beachtung der in Kapitel 10 angegebenen Hinweise bestellt werden.

ASiG § 6

Es gehört zu den gesetzlich vorgeschriebenen Aufgaben der Sicherheitsfachkräfte und Betriebsärzte, Arbeitgeber bei der Beschaffung technischer Arbeitsmittel zu beraten.

Sicherheitsfachkräfte müssen Betriebsanlagen und technische Arbeitsmittel insbesondere vor der Inbetriebnahme sicherheitstechnisch überprüfen. Dabei ist im Rahmen einer Sicht- und Funktionsprüfung auf augenscheinliche Mängel zu achten. Zusätzlich kann überprüft werden, ob der Lieferant die formellen Voraussetzungen für das erstmalige Inverkehrbringen von Maschinen erfüllt hat (richtlinienkonforme Betriebsanleitung, ggf. EG-Baumusterprüfung, EG-Konformitätserklärung, CE-Kennzeichnung). **ASiG § 6**

Bei nicht vertragsgemäßer Lieferung muss unverzüglich reklamiert werden, um die Gewährleistungsbestimmungen des BGB in Anspruch nehmen zu können. **BGB**

Die Prüfung vor der Inbetriebnahme ist auch bei beschafften **Gebrauchtmaschinen** durchzuführen. Auf die Erläuterungen in **Kapitel 13** wird hingewiesen. **Kapitel 13**

Maschinen und maschinelle Anlagen müssen unter Beachtung mitgelieferter Betriebsanleitungen der Hersteller **bestimmungsgemäß** betrieben werden. Gegebenenfalls sind dafür besondere **Betriebsanweisungen** herauszugeben. **BetrSichV**

NEU: LASI-Papier „Maschinen ohne CE“

Das LASI-Papier „Maschinen ohne CE“ wurde Mitte 2021 veröffentlicht. Durch die Verabschiedung des LASI-Papiers wird eine bundeseinheitliche und verbindliche Sichtweise und Vorgehensweise jetzt möglich. **LASI-Papier Anlage X**

Welche Gründe können vorliegen, dass eine Maschine ohne „CE-Kennzeichnung“ in Verkehr gebracht oder in Betrieb genommen wurde?

Mögliche Beispiele dafür sind unter anderem:

- Die Maschine stammt aus den ersten Jahren nach dem Inkrafttreten der EG-Maschinenrichtlinie ab 1995.

  Mitunter wurde das EG-Konformitätsbewertungsverfahren nicht konsequent durchgeführt.

- Eigenbaumaschinen, bei denen aufgrund mangelnden Rechtswissens nicht das EG-Konformitätsbewertungsverfahren angewendet wurde.
- Unvollständige Maschinen, die trotz Inbetriebnahme Verbot „alleine" (ohne Schutzeinrichtung) betrieben werden, oder die nach dem Zusammenfügen zur vollständigen Maschine nicht dem EG-Konformitätsbewertungsverfahren unterzogen wurden.
- Arroganz und Ignoranz von Herstellern von „Unikatmaschinen"

Unsichere Maschinen gefährden die Sicherheit und Gesundheit der Beschäftigten am Arbeitsplatz. Daher ist es unumgänglich, dass derartige Maschinen einer Überprüfung unterzogen werden, um die Übereinstimmung mit den gesetzlichen Anforderungen festzustellen.

Maschinen, die durch den Hersteller ohne CE-Kennzeichnung in Verkehr gebracht oder in Betrieb genommen wurden, sind **nicht** im Nachhinein dem EG-Konformitätsbewertungsverfahren zu unterziehen.

Eine nachträgliche CE Kennzeichnung ist rechtswidrig und darf nicht durchgeführt werden.

Anlage X

Ausführliche Informationen dazu finden Sie in der **Anlage X** ab **Seite 116**.

Welche Beschaffenheitsvorschriften gelten für gewerblich genutzte Altmaschinen?

12

Als **„Altmaschinen"** werden in Unternehmen vorhandene Maschinen oder maschinelle Anlagen ohne CE-Kennzeichnung bezeichnet, die dort bis 31.12.1992 in Betrieb genommen wurden und seit dem 1.1.1995 nicht wesentlich verändert worden sind. Für kraftbetriebene Flurförderzeuge und Maschinen zum Heben und Fortbewegen von Personen gelten andere Regelungen bzw. Stichtage (**Abb. 5** auf **Seite 17**).

Altmaschinen in den am 1. Mai 2004 der EU beigetretenen Ländern müssen den dort bisher gültigen nationalen Vorschriften genügen, mindestens der EG-Arbeitsmittel-Benutzungs-Richtlinie und einer möglicherweise vorhandenen nationalen Verschärfung. Als Altmaschinen werden die Maschinen bezeichnet, die bis zum 30.4.2004 in den 10 Beitrittsländern in Betrieb genommen wurden. Die Rechtsbewertung gilt auch für die 2 Beitrittsländer ab 2007 bzw. das Beitrittsland ab 2013 zu jeweiligen Zeitpunkt unverändert weiter **(Anlage I** auf **Seite 98)**. Ferner siehe auch Kapitel 1 „PECA-Abkommen". **AMBR**

In Deutschland sind für die sicherheitstechnische Beurteilung von Altmaschinen die Bau- und Ausrüstungsbestimmungen der noch gültigen und der inzwischen außer Kraft gesetzten Unfallverhütungsvorschriften (UVVen) weiterhin heranzuziehen **(Kapitel 6)**. **BGV VBG 5** **Kapitel 6**

Nach den UVVen war bis 31.12.1996 zu prüfen, ob Altmaschinen zusätzlich die Anforderungen der **EG-Arbeitsmittel-Richtlinie (AMBR)** von 1989 (ohne Änderungsrichtlinie von 1995) erfüllen. Bei Abweichungen von den Mindestvorschriften dieser Richtlinie stellte sich die Frage der Nachrüstung. **AMBR** **- Historie -**

Grundsätzlich sind Maschinen dann nachzurüsten, wenn die nationalen Bau- und Ausrüstungsbestimmungen hinter den Mindestanforderungen der EG-Arbeitsmittel-Richtlinie und ggf. deren nationalen Verschärfung zurückbleiben und die Maschinen die höheren Anforderungen nicht erfüllen. **AMBR Art. 4**

UVVen

Gemäß den UVVen mussten Altmaschinen spätestens am 1. 1. 1997 den Anforderungen der EG-Arbeitsmittel-Richtlinie entsprechen, d. h. spätestens bis 31. 12. 1996 nachgerüstet werden **(Abb. 20)**.

Dies galt nach verbreiteter Fachmeinung auch für die Maschinen ohne CE-Kennzeichnung, die in der allgemeinen Übergangszeit der EG-Maschinenrichtlinie (1. 1. 1993 – 31. 12. 1994) noch nach nationalen Vorschriften gebaut und in Verkehr gebracht worden waren **(Übergangsmaschinen)**. Maschinen, die den UVVen entsprechen, sind davon allerdings in seltenen Fällen betroffen.

AMBV § 4

- Historie -

Die **Arbeitsmittelbenutzungsverordnung (AMBV)**, mit der die EG-Arbeitsmittel-Richtlinie am 1. 4. 1997 verspätet in nationales Recht umgesetzt wurde, verlangte, dass Arbeitsmittel, die den Anforderungen des Anhangs der Verordnung nicht entsprachen, **unverzüglich, spätestens bis zum 30. Juni 1998 mindestens an die Anforderungen des Anhangs anzupassen waren**.

Nach einem von den berufsgenossenschaftlichen Fachausschüssen im Jahr 1996 durchgeführten Vorschriftenvergleich wurde in Deutschland eine Nachrüstung überwiegend nicht für erforderlich gehalten.

1. Änderungsrichtlinie zur AMBR RL 95/63/EG

Für einige Maschinen im Zuständigkeitsbereich der ehemaligen Fachausschüsse „Eisen und Metall II und III“, „Leder“ sowie „Steine und Erden“ waren jedoch Nachrüstungsmaßnahmen erforderlich. Bei älteren Werkzeugmaschinen richtete sich die Nachrüstung nach einer Prüfung im Einzelfall.

Die AMBV ließ die Änderungsrichtlinie vom 5. 12. 1995 zur EG-Arbeitsmittel-Richtlinie unberücksichtigt. Durch die Änderungen wird der Regelungsumfang der EG-Arbeitsmittel-Richtlinie erweitert **(Kapitel 11)**.

Eingefügt sind auch „Zusätzliche Mindestvorschriften für besondere Arbeitsmittel“, und zwar für

AMBR Anhang I

- **mobile, selbstfahrende oder nicht selbstfahrende Arbeitsmittel (z. B. Flurförderzeuge) und**
- **Arbeitsmittel zum Heben von Lasten (z. B. Krane).**

Diese weiteren Bestimmungen mussten in den Mitgliedstaaten der Gemeinschaft bis 5. 12. 1998 national umgesetzt werden. Spätestens 4 Jahre nach diesem Zeitpunkt, also bis 5. 12. 2002, sollten die besonderen Arbeitsmittel den Mindestvorschriften des Anhangs I der geänderten EG-Arbeitsmittel-Richtlinie entsprechen.

AMBR Art. 10

AMBR Art. 4

Die nationale Umsetzung der geänderten EG-Arbeitsmittel-Richtlinie erfolgte in Deutschland verspätet mit der am 3. 10. 2002 in Kraft getretenen **Betriebssicherheitsverordnung (BetrSichV)**. Die „besonderen Arbeitsmittel" müssen – zusätzlich zu den bisher gültigen Rechtsvorschriften – ab 1. 12. 2002 den Mindestvorschriften dieser Verordnung entsprechen.

BetrSichV

- Historie -

Mögliche Nachrüstungserfordernisse sollten im Rahmen einer Gefährdungsbeurteilung im Einzelfall ermittelt werden.

Nach einer erneuten Fachausschuss-Recherche im 1. Halbjahr 2003 bestehen wegen der mit der BetrSichV erfolgten nationalen Umsetzung der Änderungsrichtlinie 95/63/EG konkrete Nachrüstungserfordernisse nur bei Flurförderzeugen und Kranen.

Fachausschuss-Recherche

- Historie -

Ob nachgerüstet werden musste, war in Deutschland auch an Maschinen zu überprüfen, die **in den neuen Bundesländern** betrieben werden. Diese Maschinen fielen unter die allgemeine Übergangsbestimmung des § 61a der bis Ende 2003 gültigen Unfallverhütungsvorschrift BGV A1 „Allgemeine Vorschriften" (vor her VBG 1) und entsprachen unter Umständen nicht dem Niveau der Unfallverhütungsvorschriften. Deshalb konnten an diesen Maschinen Abweichungen von den Mindestanforderungen der EG-Arbeitsmittel-Richtlinie gegeben sein. Maschinen in den neuen Bundesländern genießen bezüglich der Nachrüstung keinen „Bestandschutz" nach der EG-Arbeitsmittel-Richtlinie und den nationalen Umsetzungsvorschriften.

BGV A 1 (VBG 1)

- Historie -

Notwendige Maschinenveränderungen auf Grund einer Nachrüstverpflichtung nach Betriebssicherheitsverordnung in der Fassung von 06/2015 i. V. mit den entsprechenden TRBSs gelten grundsätzlich nicht als „wesentliche Veränderungen" an Maschinen .
Diese Maschinen müssen sicher sein.

Kapitel 14

12 Welche Beschaffenheitsvorschriften gelten für gewerblich genutzte Altmaschinen?

Alt- oder Übergangsmaschinen, die an die Mindestvorschriften der EG-Arbeitsmittel-Richtlinie bzw. der Verordnungen zu ihrer nationalen Umsetzung angepasst werden, erhalten nicht die CE-Kennzeichnung. Es wird auch keine EG-Konformitätserklärung ausgestellt.

Anlage XI

Sehr hilfreich für die Beurteilung der Beschaffenheitsanforderung sind die aktuellen Checklisten (Altmaschinen ohne CE Kennzeichnung), siehe Anlage XI auf Seite 119.

Kapitel 13

Die Nachrüstung von alten Maschinen, die ihren Besitzer gewechselt haben **(Gebrauchtmaschinen)**, wird in **Kapitel 13** behandelt.

Gibt es Regelungen für den Handel mit Gebrauchtmaschinen im gewerblichen Bereich?

13

Eine **„Gebrauchtmaschine"** im hier angesprochenen Sinne ist eine Maschine, die nach der ersten Inbetriebnahme einmal oder mehrfach ihren Besitzer wechselt und dann erneut in Betrieb genommen wird. Es kann sich dabei um eine Altmaschine (ohne CE-Kennzeichnung) oder eine neue Maschine mit CE-Kennzeichnung aus Deutschland, einem anderen EWR-Land oder aus einem Drittland handeln.

Eine Binnenmarktrichtlinie, die im EWR den freien Verkehr mit gebrauchten Maschinen regelt, gibt es nicht. Die EG-Maschinenrichtlinie gilt für gebrauchte Maschinen nur dann, wenn sie wesentlich verändert oder aus einem Drittland in den EWR eingeführt werden. Die Mitgliedsländer dürfen deswegen für den Handel mit Gebrauchtmaschinen nationale Bestimmungen erlassen.

In Deutschland ist im gewerblichen Bereich zu unterscheiden zwischen Vorschriften, die das **Bereitstellen** und das **Benutzen** gebrauchter Maschinen regeln. Dabei wird unter „Bereitstellen" das Über lassen einer Maschine an andere verstanden (siehe auch Begriffsdefinition im **Kapitel 2**).

Die Vorschriften für das Bereitstellen richten sich z. B. an **Verkäufer, Händler und Verleiher**. Die Vorschriften für das Benutzen wenden sich an Betreiber von Gebrauchtmaschinen.

ProdSG
BetrSichV

> Die Bestimmungen, nach denen in Deutschland eine Gebrauchtmaschine betrieben werden darf, können ein höheres Sicherheitsniveau verlangen als die Bestimmungen, nach denen eine Gebrauchtmaschine in den Verkehr gebracht, d. h. anderen über lassen werden darf. Vor der Inbetriebnahme kann deshalb eine **Nachrüstung** durch den Betreiber erforderlich sein.

BetrSichV

In Deutschland galt das bis Ende April 2004 gültige Gerätesicherheitsgesetz (GSG) für Gebrauchtmaschinen nur dann, wenn sie vor dem Überlassen an andere aufgearbeitet oder wesentlich verändert wurden (erneutes Inverkehrbringen). Das am 1. Mai 2004 in Kraft getretene Geräte- und Produktsicherheitsgesetz (GPSG) galt

GSG

- Historie -

GPSG § 2 (8)

grundsätz lich **bei jedem Überlassen** gebrauchter Maschinen in Deutschland.

ProdSG § 3 (2) Die Maschinen müssen so beschaffen sein, dass sie bei **bestimmungsgemäßer** oder **vorhersehbarer Verwendung** die Sicherheit und Gesundheit von Personen nicht gefährden; d. h. sie müssen sicher sein.

ProdSG § 1 (2) Das ProdSG gilt **nicht** für das **Inverkehrbringen von Gebrauchtmaschinen**, wenn diese vor ihrer Verwendung instand gesetzt oder wieder aufgearbeitet werden müssen, sofern der Inverkehrbringer denjenigen, dem sie überlassen werden, **darüber ausreichend unterrichtet**.

Diese Bestimmung des ProdSG gibt z. B. einem Verkäufer die Möglichkeit, eine unsichere gebrauchte Maschine zu verkaufen, wenn er den Käufer darüber unterrichtet, das die Maschine vor der Verwendung in einen sicheren Zustand versetzt werden muss.

Nachfolgend werden die Anforderungen an ausschließlich bei der Arbeit verwendete Gebrauchtmaschinen (Investitionsgüter) beschrieben, die in Deutschland in den Verkehr gebracht und in Betrieb genommen werden sollen. Eine Übersicht zeigt **Abb. 21** auf **Seite 74**.

Gebrauchtmaschinen aus Drittländern

ProdSG § 2 (9) Alle Maschinen (neu oder alt), die **erstmalig** aus einem Nicht-EWR-Land in den EWR eingeführt werden, sind nach ProdSG wie neue Maschinen zu behandeln. Sowohl für das Inverkehrbringen als auch für die Inbetriebnahme im EWR müssen die Anforderungen rele-
ProdSG § 3 (1) vanter Binnenmarktrichtlinien erfüllt werden **(CE-Kennzeichnung erforderlich)**. Neben der technischen Nachrüstung muss auch die komplette Dokumentation (Risikobeurteilung) neu erstellt werden.

Bei Altmaschinen sollte man vor der Einfuhr gut überlegen, ob die erforderliche Hochrüstung auf „CE-Niveau“ technisch möglich und kostenmäßig vertretbar ist.

Gebrauchtmaschinen aus Deutschland

ProdSG § 3 (2) Für den Verkauf von Gebrauchtmaschinen sind die Vorschriften maßgeblich, die zum Zeitpunkt der Bereitstellung in Deutschland gültig waren. Diese können sich von den heute gültigen Vorschriften für das Benutzen unterscheiden. Das folgende Beispiel zeigt, dass eine Gebrauchtmaschine u. U. ohne Nachrüstung nicht in Betrieb genommen werden darf.

Kauft ein deutsches Unternehmen bei einem Händler eine gebrauchte deutsche **Altmaschine ohne CE-Kennzeichnung** (Baujahr 1970), darf der Händler die Maschine verkaufen, wenn sie mindestens den Rechtsvorschriften von 1970 entspricht. **ProdSG § 3 (2)**

Der neue Besitzer muss vor der Inbetriebnahme prüfen, ob die Maschine sicher ist und die Bestimmungen der Betriebssicherheitsverordnung (BetrSichV) erfüllt. Dies kann eine Nachrüstung gemäß den letztgültigen Unfallverhütungsvorschriften und der §§ 8, 9 nach BetrSichV erfordern **(CE-Kennzeichnung nicht erforderlich)**.

BetrSichV
UVVen
- Historie -

Beim Kauf einer **Gebrauchtmaschine mit und ohne CE-Kennzeichnung** wird auf die nachfolgenden Ausführungen (**Abb. 21** auf **Seite 74**) verwiesen.

Gebrauchtmaschinen aus den alten EWR-Ländern

Bis 31.12.1994 in einem EWR-Land in Verkehr gebrachte und in Betrieb genommene Maschinen müssen keine CE-Kennzeichnung tragen. Wird eine solche Maschine unverändert gekauft, darf diese benutzt werden, wenn sie den **Mindestanforderungen der EG-Arbeitsmittel-Richtlinie**, der gegebenenfalls vorhandenen nationalen Verschärfungen und den nationalen Vorschriften des Benutzerlandes entspricht. Das kann eine Nachrüstung erfordern **(Kapitel 12)**. **AMBR Art. 4**

Kapitel 12

Für eine **Altmaschine ohne CE-Kennzeichnung**, die **unverändert** innerhalb Deutschlands ihren Besitzer wechselte oder **unverändert** aus einem EWR-Land nach Deutschland verkauft wurde, galt das bis Ende April 2004 gültige Gerätesicherheitsgesetz (GSG) nicht. Bezüglich Beschaffenheit waren bei der Inbetriebnahme die Unfallverhütungsvorschriften (UVVen) und die Mindestvorschriften der Betriebssicherheitsverordnung (BetrSichV) zu erfüllen (keine CE-Kennzeichnung erforderlich).

GSG
- Historie -

Mit dem Inkrafttreten des Geräte- und Produktsicherheitsgesetzes (GPSG) am 1. Mai 2004 hatte sich eine Rechtsänderung ergeben:

- Historie -

Gebrauchtmaschinen, die ab 1. Mai 2004 in Deutschland erstmalig in den Verkehr gebracht werden, müssen der zu diesem Zeitpunkt gültigen Rechtslage entsprechen, d. h. die Maschinen müssen sicher sein und den zum Verkaufszeitpunkt geltenden Vorschriften genügen

Abb. 21: Beschaffenheitsvorschriften für Gebrauchtmaschinen

Mit Inkrafttreten des ProdSG am 1. Dezember 2011 ist die rechtliche Bewertung unverändert übernommen worden. Gebrauchtmaschinen müssen sicher sein. Im novellierten ProdSG vom 16.07.2021 wurde dieser Sachverhalt unverändert übernommen. Hilfreich für die Beschaffenheitsanforderungen von Maschinen sind die Checklisten in der **Anlage XI** auf **Seite 119**.

ProdSG § 3 (2)

Anlage XI

Für den sicheren Zustand sind die Wirtschaftsakteure (z. B. Verkäufer, Händler) verantwortlich. Bei Altmaschinen ohne CE-Kennzeichnung kann man sich an den letztgültigen Unfallverhütungsvorschriften und den Mindestvorschriften der §§ 8, 9 nach BetrSichV orientieren.

Erforderliche Nachrüstungen muss derjenige durchführen, der die Maschine in Deutschland in den Verkehr bringt **(CE-Kennzeichnung nicht erforderlich)**.

Wird die Nachrüstung vom Verkäufer versäumt, ist dazu der neue Besitzer vor der ersten Inbetriebnahme verpflichtet.

Beim Kauf einer neueren Gebrauchtmaschine mit CE-Kennzeichnung wird auf die nachfolgenden Ausführungen verwiesen.

Gebrauchtmaschinen aus EU-Beitrittsländern

Die Einfuhr von Gebrauchtmaschinen aus den „neuen" EU-Beitrittsländern gilt ab Beitrittstermin (1. Mai 2004) nicht als „erstmaliges Inverkehrbringen" im EWR, sondern als Handel innerhalb der Binnenmarktgrenzen. Es gelten deshalb die gleichen Anforderungen wie bei der Beschaffung von Gebrauchtmaschinen aus den „alten" EWR-Ländern. Weitere Informationen hierzu hinsichtlich der Historie des EWR finden Sie in **Anlage I** auf **Seite 98**.

ProdSG § 3 (2)

Gebrauchtmaschinen aus der Schweiz

Das seit dem 1. Juni 2002 bestehende Abkommen zwischen der Schweiz und der EU über die gegenseitige Anerkennung von Konformitätsbewertungsverfahren hat auch Auswirkungen auf Gebrauchtmaschinen.

Abkommen der EU mit der Schweiz

Im Bereich des anderen Vertragspartners werden Gebrauchtmaschinen akzeptiert, wenn die Anforderungen an die ehemals neuen Maschinen als gleichwertig mit den Bestimmungen des Empfängerlandes anzusehen sind.

Gebrauchtmaschinen aus der Schweiz müssen bei der Einfuhr in den EWR nicht der EG-Maschinenrichtlinie zum Zeitpunkt der Einfuhr entsprechen, d. h. die Drittlandregelung wird seit dem 1. Juni 2002 nicht mehr angewendet.

ProdSG § 3 (2)

In Deutschland gelten wegen des gültigen Produktsicherheitsgesetzes (ProdSG) für Gebrauchtmaschinen aus der Schweiz die gleichen Anforderungen, wie für Gebrauchtmaschinen aus anderen EWR-Ländern. Dies bedeutet, die Maschinen müssen bei der Einfuhr sicher sein.

NEU: Gebrauchtmaschinen aus dem UK – „Brexit"

„Brexit"

Eine Gebrauchtmaschine – mit und ohne CE-Kennzeichnung – (abhängig vom Baujahr!) wird unverändert aus dem UK in die Bundesrepublik Deutschland veräußert. Die Rechtslage nach ProdSG ist, dass nach § 3 (2) ProdSG der Zeitpunkt der Bereitstellung auf dem Unionsmarkt (Inverkehrbringen) maßgeblich entscheidend ist.

Abhängig vom Baujahr kann die CE-Kennzeichnung entweder entfallen oder bleiben. **In jeden Fall keine Drittstaatenmaschinen!**
Aktuell: Ausgesetzt!!! (Umsetzungsfristen wurden aufgehoben)
Quelle: EU-Kom. 03/2023 Industry Produkts

Gebrauchtmaschinen mit CE-Kennzeichnung

Der Handel mit gebrauchten „CE-Maschinen" innerhalb des EWR ist normalerweise problemlos. Da die Binnenmarktrichtlinien nur beim **erstmaligen** Inverkehrbringen im EWR greifen, müssen sie bei einem Besitzerwechsel nicht erneut angewendet werden.

BetrSichV §§ 8, 9

Eine gekaufte Gebrauchtmaschine mit CE-Kennzeichnung ist von dem neuen Besitzer so zu behandeln und zu betreiben, dass sie diesen Status behält, d. h. **eine „CE-Maschine" bleibt eine „CE-Maschine"**, auch wenn sie ihren Besitzer wechselt. Wird eine solche Maschine wesentlich verändert, muss die Konformität neu erklärt und eine neue CE-Kennzeichnung angebracht werden.

Vom Kauf einer gebrauchten Maschine oder einer maschinellen Anlage, die eine CE-Kennzeichnung tragen müsste, aber nicht trägt, und für die keine EG-Konformitätserklärung vorgelegt werden kann, wird abgeraten.

Entsprechende Vorsicht ist geboten bei allen neuen und wesentlich veränderten Maschinen sowie aus Drittländern eingeführten Maschinen, die ab 1. 1. 1995 bei den Vorbesitzern im EWR erstmals in den Verkehr gebracht und in Betrieb genommen wurden.

Gebrauchtmaschinen, die wesentlich verändert werden

Für Gebrauchtmaschinen (alt oder neu), die wesentlich verändert werden, gelten die Vorschriften für Neumaschinen **(CE-Kennzeichnung erforderlich)**. Wird die Maschine vor dem Besitzerwechsel wesentlich verändert, muss der Inverkehrbringer (z. B. Vorbesitzer, Händler, Hersteller) die Anforderungen der zu diesem Zeitpunkt gültigen Binnenmarktrichtlinien erfüllen. Verändert der neue Besitzer die Maschine nach dem Erwerb wesentlich, ist das Sache des Betreibers. Der Begriff „wesentliche Veränderung“ wird im **Kapitel 14** erläutert. **ProdSG § 2(15b)**

Empfehlungen für Käufer von Gebrauchtmaschinen

Der Käufer einer Gebrauchtmaschine ist gut beraten, wenn er sich vor dem Kauf über den erforderlichen sicherheitstechnischen Zustand der Maschine erkundigt und ggf. notwendige Umrüstungen vom Verkäufer durchführen lässt. Da nicht in jedem Fall feststeht, wer (Verkäufer, Händler, Käufer) eine Gebrauchtmaschine nachrüsten muss, besteht die Gefahr, dass kostspielige Umrüstungen zu Lasten des späteren Betreibers gehen.

In Zweifelsfällen sollte sich der Käufer einer Gebrauchtmaschine vom Verkäufer schriftlich bestätigen lassen, dass die Maschine den Bestimmungen für die Inbetriebnahme entspricht.

Hat der Verkäufer darauf hingewiesen, dass die Maschine den Bestimmungen nicht entspricht, ist der Käufer bzw. der spätere Betreiber verpflichtet, eventuell notwendige Umrüstungen selbst vorzunehmen oder durchführen zu lassen.

Wann liegt eine wesentliche Veränderung vor?

14

BMAS-Papier

Nach mehrjährigen intensiven Verhandlungen ist das neue BMAS-Interpretationspapier zum Thema „Wesentliche Veränderung von Maschinen“ am 9. April 2015 im Gemeinsamen Ministerialblatt (GMBl.) veröffentlicht worden.

Ein wichtiger Hinweis :

Mit Inkrafttreten der neue Maschinenverordnung (EU) 2023/1230 wird die wesentliche Veränderung in den Anwendungsbereich aufgenommen. Das bedeutet, dass das nachfolgende vorgestellte nationale Recht nur noch rechtsverbindlich bis zum 20. 01. 2027 angewendet werden kann.

Europäisch müssen durch den Guide oder andere Medien Voraussetzungen aufgestellt werden, damit eine praktikable Anwendung auch zukünftig für den RETRO-FIT-Markt und für die Betreiber geschaffen werden.

Diese Neufassung war unabdingbar geworden, weil das alte BMA-Papier aus dem September 2000 mehrere Novellierungen im Bereich der Gesetzgebung zur Produktsicherheit „überlebt“ hatte. Ferner wurden die neuesten Erkenntnisse der Risikobeurteilung berücksichtigt und der Stand der Sicherheitstechnik integriert. Das neue Papier wurde von einer Arbeitsgruppe unter der Federführung des „Bundesministeriums für Arbeit und Soziales“ (BMAS) erarbeitet.

ProdSG

Das Produktsicherheitsgesetz (ProdSG) enthält die Begriffe „Bereitstellung auf dem Markt“ und „Inverkehrbringen“. Unter der Begriffsbestimmung „Inverkehrbringen“ ist jetzt neu im ProdSG nur noch die **erstmalige** Bereitstellung eines Produkts auf dem Markt zu verstehen. Mit der Übernahme der Begriffsbestimmungen „Bereitstellung auf dem Markt“ und „Inverkehrbringen“ ist der Terminus des „wesentlich veränderten Produkts“ weggefallen.

Damit hat sich jedoch der zugrundeliegende Sachverhalt nicht verändert!

Wie im früheren Geräte- und Produktsicherheitsgesetz (GPSG) ist auch im ProdSG ein gebrauchtes Produkt, das gegenüber seinem ursprünglichen Zustand **wesentlich** verändert wird, als neues Produkt anzusehen. **ProdSG**

Verbesserungen, die ausschließlich das Ziel haben, die Maschinensicherheit und damit auch die Arbeitssicherheit zu erhöhen, werden positiv bewertet und sind somit grundsätzliche keine wesentliche Veränderungen. Damit wierden weiter Anreize gegeben, den Arbeits- und Maschinenschutz an Alt- und Gebrauchtmaschinen ständig fortzuentwickeln.

Die 3 möglichen Fälle:

Jede Veränderung an einer Maschine, unabhängig davon, ob diese gebraucht oder neu ist, z. B. durch Leistungserhöhungen, Funktionsänderungen, Änderung der bestimmungsgemäßen Verwendung (wie durch Änderung der Hilfs-, Betriebs- und Einsatzstoffe, Umbau oder Änderungen der Sicherheitstechnik), ist zunächst im Hinblick auf ihre sicherheitsrelevanten Auswirkung zu untersuchen. Diese Untersuchung und Bewertung ist vom Umbauer der Maschinen frei wählbar.

Empfehlenswert wäre z. B. das Verfahren der EN ISO 12100 „Sicherheit von Maschinen – Allgemeine Gestaltungsleitsätze – Risikobeurteilung und Risikominderung“ als Grundlage zu wählen. **EN ISO 12100**

Dies bedeutet, es ist in jedem Einzelfall zu ermitteln, ob sich durch die Veränderung der (gebrauchten) Maschine neue Gefährdungen ergeben haben oder ob sich ein bereits vorhandenes Risiko erhöht hat. Hier lassen sich drei Fälle unterscheiden:

1. Es liegt keine neue Gefährdung bzw. keine Erhöhung eines vorhandenen Risikos vor, so dass die Maschine nach wie vor als sicher angesehen werden kann.
2. Es liegt zwar eine neue Gefährdung bzw. eine Erhöhung eines vorhandenen Risikos vor, die vorhandenen Schutzmaßnahmen der Maschine vor der Veränderung sind aber hierfür weiterhin ausreichend, so dass die Maschine nach wie vor als sicher angesehen werden kann.
3. Es liegt eine neue Gefährdung bzw. eine Erhöhung eines vorhandenen Risikos vor und die vorhandenen Schutzmaßnahmen sind hierfür nicht ausreichend oder geeignet.

Fazit: Bei veränderten Maschinen nach Fallgestaltung 1 oder 2 sind zusätzliche Schutzmaßnahmen nicht erforderlich. Veränderte Maschinen nach Fallgestaltung 3 sind dagegen durch eine Risikobeurteilung systematisch hinsichtlich der Frage, ob eine wesentliche Veränderung vorliegt, weiter zu untersuchen.

Für die Entscheidung, ob eine wesentliche Veränderung vorliegt, leistet die **Abb. 22** eine Hilfestellung.

Dabei ist festzustellen, ob es möglich ist, die veränderte Maschine mit **einfachen Schutzeinrichtungen** wieder in einen sicheren Zustand zu bringen, wobei überprüft wird, ob die einfache Schutzeinrichtung das Risiko eliminiert oder zumindest hinreichend minimiert. Wenn dies der Fall ist, kann die **Veränderung** in der Regel als **nicht wesentlich** angesehen werden.

Abb. 22: „Wesentliche Veränderungen"

„Wesentliche Veränderungen" (Schema nach BMAS 04/2015)

Leistungssteigerung, Funktionsänderung, Änderung der bestimmungsgemäßen Vereinbarung usw.

neue Gefährdung/ Risikoerhöhung?

Nein

Maschine bleibt sicher

Ja

... der Austausch von Bauteilen und der Einbau von Schutzeinrichtungen, die das Sicherheitsniveau erhöhen, sind grundsätzlich keine wesentliche Veränderung (BMAS 2015)

vorhandene sicherheitstechnische Maßnahmen ausreichend?

Ja

Maschine ist wieder sicher

wesentliche Veränderung

Nein

mit einfachen SE sicherer Zustand wiederherstellbar?

Ja

keine wesentliche Veränderung

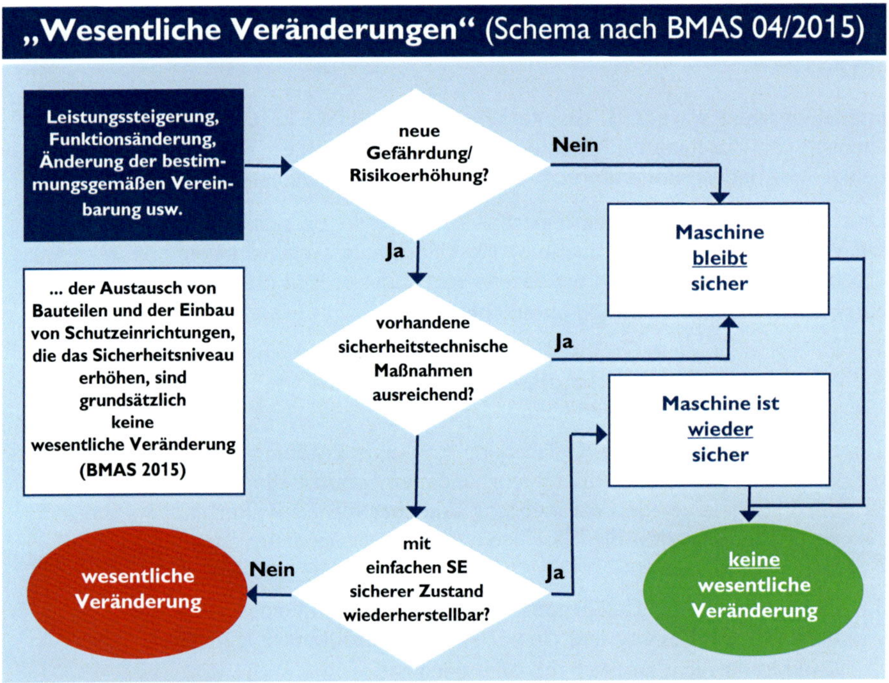

Unter einer **einfachen Schutzeinrichtung** im vorher genannten Sinne kann z. B. eine feststehende trennende Schutzeinrichtung verstanden werden. Als einfache Schutzeinrichtungen gelten auch bewegliche trennende Schutzeinrichtungen und nicht trennende Schutzeinrichtungen, die nicht erheblich in die bestehende sicherheitstechnische Steuerung der Maschine eingreifen. Das bedeutet, dass durch diese Schutzeinrichtungen lediglich Signale verknüpft werden, auf dessen Verarbeitung die vorhandene Sicherheitssteuerung bereits ausgelegt ist oder dass unabhängig von der vorhandenen Sicherheitssteuerung ausschließlich das sichere Stillsetzen der gefahrbringenden Maschinenfunktion bewirkt wird. Die **Abb. 23** zeigt die Einschränkung einer einfachen Schutzeinrichtung auf die Maschinenbewegung im Gegensatz zu einer normativen Schutzeinrichtung.

Abb. 23: Einfache Schutzeinrichtung

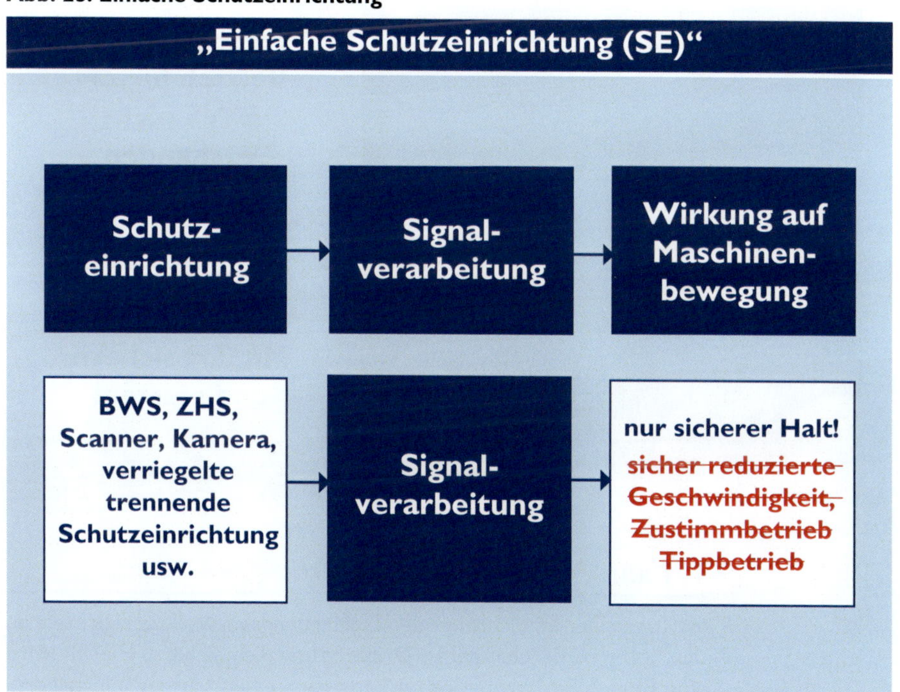

Fallbeispiel für eine „einfache Schutzeinrichtung“

Die Praxis hat gezeigt, dass dieser „neue“ Begriff einfache Schutzeinrichtungen vielerorts – leider – zu kontroversen Diskussionen geführt hat. Man sollte hier mehr die Chancen nutzen, als wenig zielführende Debatten zu führen. Anhand des nachfolgenden Fallbeispiels soll dieser Begriff erläutert werden.

Ausgangssituation:
Eine in Betrieb befindliche Presse wird mit einer ortsbindenden Schutzeinrichtung (ZH = Zweihandschaltung) sicherheitstechnisch betrieben.

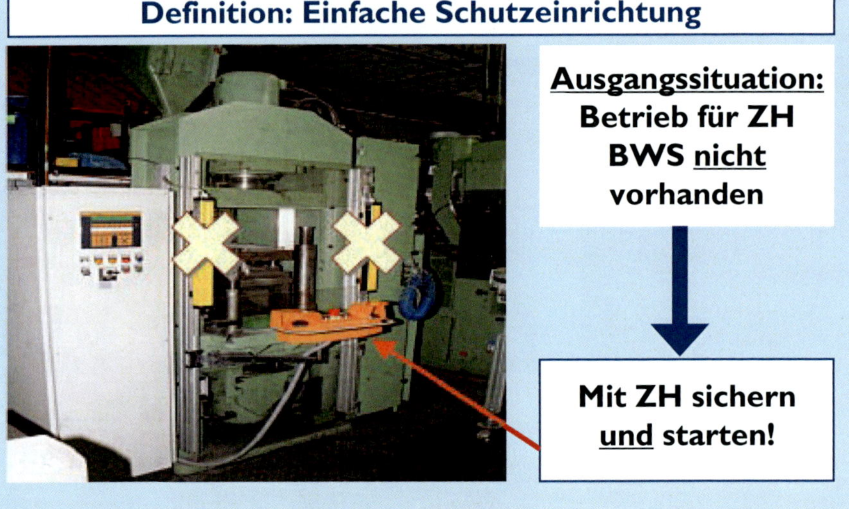

Abb. 24

1. Fall:

Im Zuge einer fortschreitenden Gefährdungsbeurteilung möchte man den „oberen Bereich gegen Dritte“ zusätzlich sichern. Hierfür wird eine BWS („Berührungslos wirkende Schutzeinrichtung“) installiert.

Der Startbefehl für die Presse wird aber nach wie vor von der ZH ausgelöst. Die BWS ist in diesem Fall eine „einfache Schutzeinrichtung“, da sie nur eine reine Schutzfunktion an der Presse übernimmt.

Ergebnis: **Keine wesentliche Veränderung an der Presse, weil die BWS eine einfache Schutzeinrichtung im Sinne des BMAS-Papiers ist.**

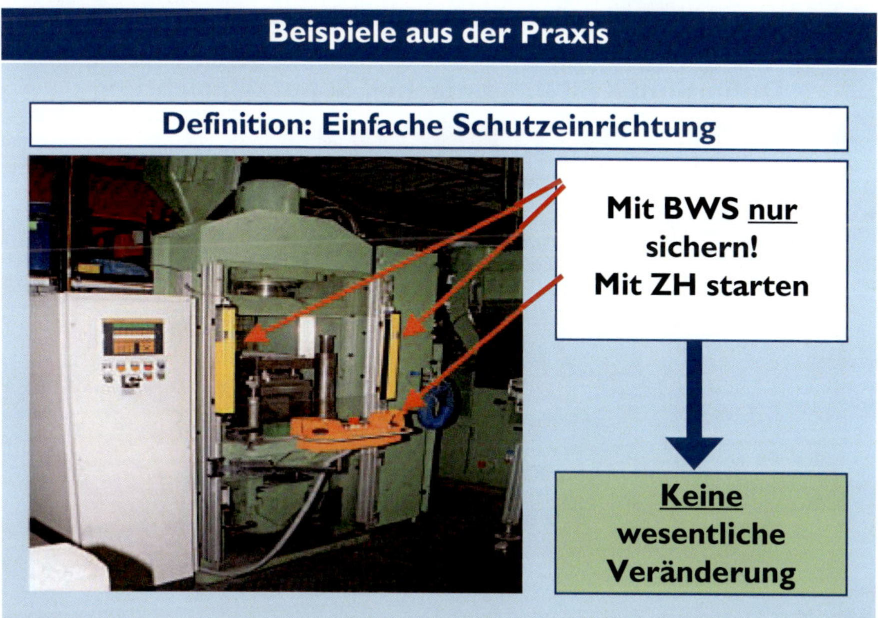

Abb. 25

2. Fall:

Im Lichte einer Produktionssteigerung möchte man die BWS komplett mit ihren technologischen Eigenschaften einsetzen. Die ZH-Schaltung wird ausgetauscht und die Presse wird nur über die BWS betrieben.

In diesem Fall startet man die gefahrbringende Bewegung mittels BWS und auch die Schutzfunktion wird von der BWS übernommen.

Ergebnis: **Hier liegt eine wesentliche Veränderung vor, weil die BWS keine einfache Schutzeinrichtung mehr ist.**

Bei diesem Schritt sollte sehr reiflich überlegt werden, ob die Vorteile eines kompletten BWS-Einsatzes die erheblichen kostenintensiven Nachteile der wesentlichen Veränderung und somit der „Neu-CE-Zertifizierung“ der Presse kompensieren.

Beispiele aus der Praxis

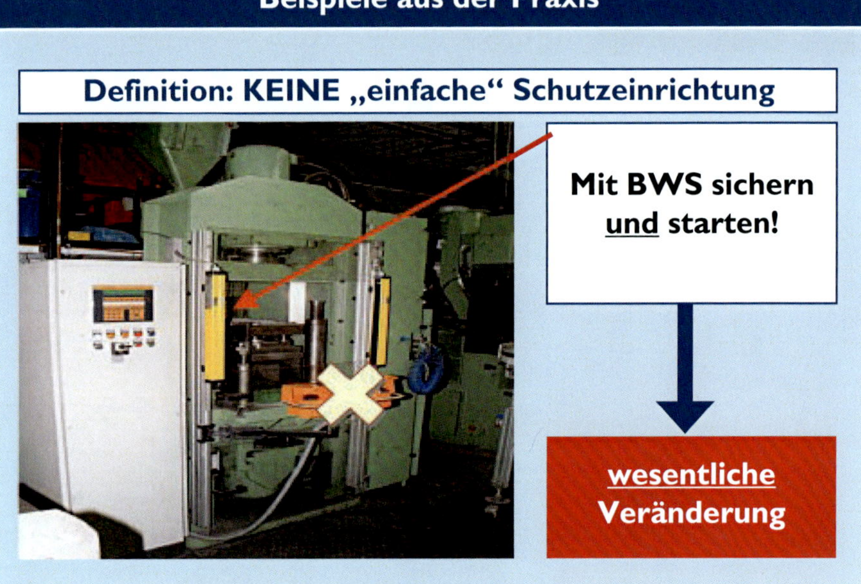

Abb. 26

Grundsätzlich keine wesentliche Veränderung:
Der Austausch von Bauteilen der Maschine durch identische Bauteile oder Bauteile mit identischer Funktion und identischem Sicherheitsniveau sowie der Einbau von Schutzeinrichtungen, die zu einer Erhöhung des Sicherheitsniveaus der Maschine führen und die darüber hinaus keine zusätzlichen Funktionen ermöglichen, werden nicht als wesentliche Veränderung angesehen.

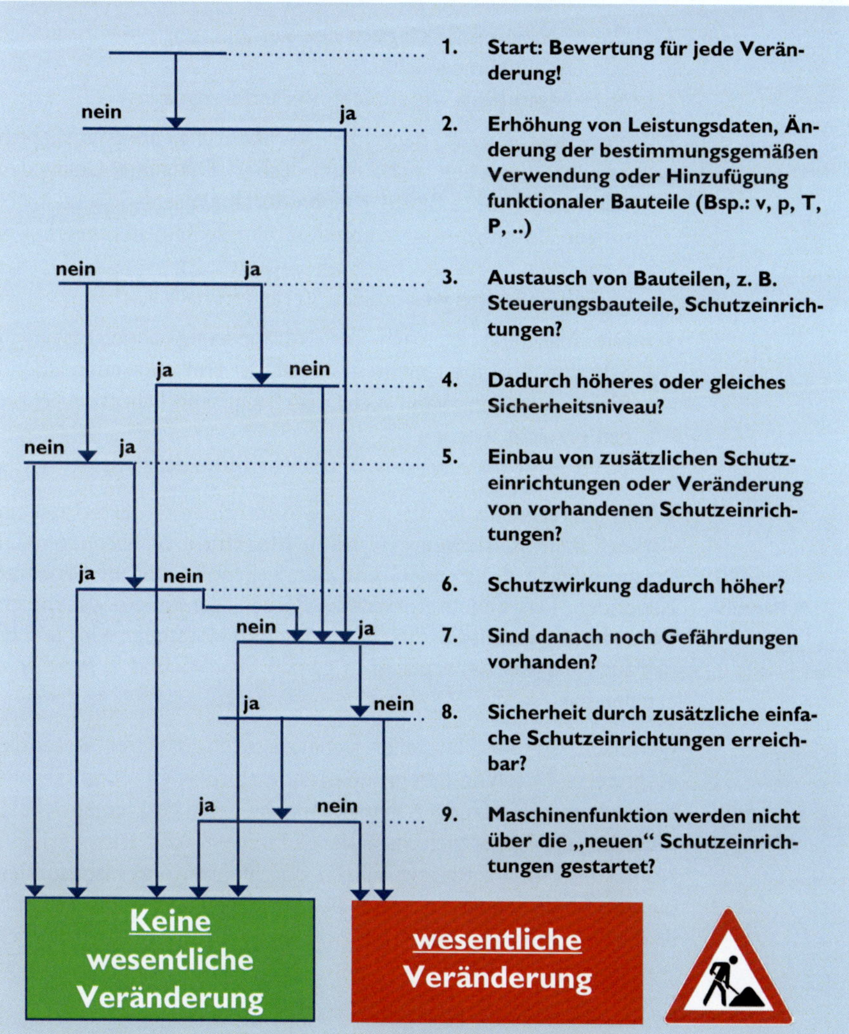

Abb. 27: Entscheidungsmatrix „Wesentliche Veränderung“

Ergebnisauswertungen:

Veränderungen an einer Maschine/Gesamtheit von Maschinen können folgende Auswirkungen haben:

1. Die Maschine ist auch nach der Veränderung ohne zusätzliche Schutzmaßnahmen sicher.
   → Es liegt **keine** wesentliche Veränderung vor.
2. Die Maschine ist nach der Veränderung ohne zusätzliche Schutzmaßnahmen nicht mehr sicher. Die neue Gefährdung oder das erhöhte Risiko können durch einfache Schutzeinrichtungen beseitigt oder zumindest hinreichend minimiert werden.
   → Es liegt **keine** wesentliche Veränderung vor.
3. Die Maschine ist nach der Veränderung ohne zusätzliche Schutzmaßnahmen nicht mehr sicher und eine ausreichende Risikominderung kann nicht durch einfache Schutzeinrichtungen erreicht werden
   → **Es liegt eine wesentliche Veränderung vor**.

Wenn das Ergebnis ist, dass eine wesentlich veränderte Maschine vorliegt, dann ist sie wie eine **neue Maschine** zu behandeln. Die
ProdSG Bestimmungen des ProdSG und der 9. ProdSV sind in Gänze an-
9. ProdSV zuwenden. Das bedeutet, dass die Person, die für die wesentliche Veränderung verantwortlich ist, somit zum Hersteller wird und damit auch die Herstellerpflichten gemäß ProdSG und 9. ProdSV zu erfüllen hat.

Demnach hat der Hersteller sicherzustellen, dass die wesentlich veränderte Maschine den grundlegenden Sicherheits- und Gesund-
MRL heitsschutzanforderungen gemäß Anhang I der MRL entspricht. Er
Anhang I muss für die wesentlich veränderte Maschine das entsprechende Konformitätsbewertungsverfahren durchführen und insbesondere die vorgeschriebenen technischen Unterlagen erstellen, mit denen er die Durchführung des Konformitätsbewertungsverfahrens nachweisen kann.

Weiterhin stellt der Hersteller die Betriebsanleitung zur Verfügung und versieht erforderlichenfalls die wesentlich veränderte Maschine mit Warnhinweisen für die Restrisiken, die auf Grund des Standes der Technik mit technischen Schutzmaßnahmen nicht weiter minimiert werden können.

Abschließend stellt der Hersteller die EG-Konformitätserklärung aus, fügt diese bei und bringt die CE-Kennzeichnung an der wesentlich veränderten Maschine mit neuem Baujahr an.

Als eine weitere Planungshilfe über das Ausmaß der Veränderung/ Umbau könnte im Vorfeld der Entscheidungsbaum (siehe **Abb. 27** auf **Seite 85**) dienen. Hierbei werden über die Fragestellung Entscheidungen getroffen, wie der Grad der wesentlichen/nicht wesentlichen Veränderung ist.

Sonderfall „Gesamtheit von Maschinen"

Ein Sonderfall ist die Gesamtheit von Maschinen, für die auch die o.a. Grundsätze gelten: **Sonderfall**

Abb. 28: Sonderfall „Gesamtheit von Maschinen"

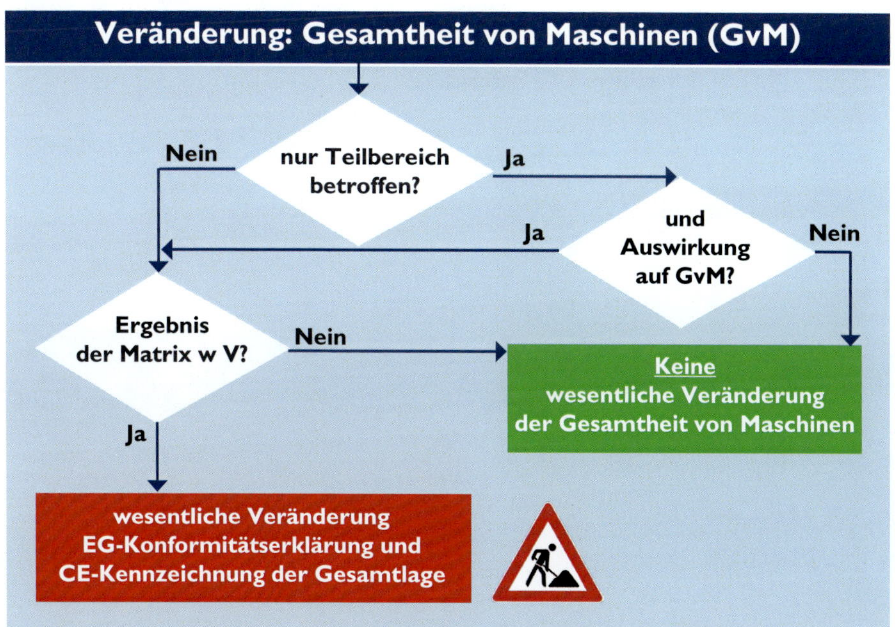

Betrifft die Veränderung bei einer Gesamtheit von Maschinen (z. B. komplexe Produktionsanlage oder integriertes Fertigungssystem), nur einen Teilbereich, so ist zu prüfen, inwieweit dies Auswirkungen auf die Gesamtheit (Anlage als Ganzes) hat.

Ist diese Veränderung selbst **und** sind deren Auswirkungen auf die Gesamtheit als wesentlich zu beurteilen, liegt eine wesentliche Veränderung der Gesamtheit von Maschinen vor.

Dokumentationen nach BetrSichV

BetrSichV § 3

Grundsätzlich muss nach allen Änderungen an Maschinen – nicht nur nach wesentlichen Veränderungen – eine Gefährdungsbeurteilung nach § 3 der Betriebssicherheitsverordnung (BetrSichV) durchgeführt werden. Diese zählt zu den betrieblichen Arbeitsschutzpflichten des Verwenders einer Maschine bzw. Anlage als Arbeitsmittel. Auf Grund der Gefährdungsbeurteilung können Maßnahmen, insbesondere technische Maßnahmen, notwendig werden, um den Beschäftigten ein sicheres Arbeitsmittel zur Verfügung zu stellen.

BetrSichV § 12

Es ist zu prüfen, ob eine Anpassung der Informationen zum sicheren Betrieb der Maschinen, wie z. B. Betriebsanweisung, erforderlich ist (vgl. § 12 BetrSichV).

Welche Rechtsfolgen sind möglich, wenn gegen Vorschriften verstoßen wird?

15

Die EG-Kommission sieht in der **Marktaufsicht durch nationale Stellen** ein wesentliches Instrument für die Durchsetzung der nach dem neuen Konzept verfassten Binnenmarktrichtlinien. **Ziel der Marktaufsicht** ist es, sicherzustellen, dass die Bestimmungen der einschlägigen Richtlinien **„gemeinschaftsweit"** eingehalten werden. Die Durchführung der Marktaufsicht ist in „Grundsätzen" angegeben.

Leitfaden der EG-Kommission

Ein **„Internetgestütztes Informations- und Kommunikationssystem" (ICSMS)** soll helfen, die Produktsicherheit in Europa zu verbessern und einen fairen Wettbewerb im Binnenmarkt zu erreichen (siehe **Seite 95**).

ICSMS

Die EG-Maschinenrichtlinie verlangt von den Mitgliedstaaten der Gemeinschaft bei Maschinen mit CE-Kennzeichnung, die Sicherheitsmängel aufweisen, zweckdienliche nationale Maßnahmen, um **die Maschinen aus dem Verkehr zu ziehen, das Inverkehrbringen und die Inbetriebnahme zu verbieten oder den freien Verkehr für diese Maschine einzuschränken**. Die Richtlinie sieht außerdem ein sog. Schutzklauselverfahren vor, das zu einer **EWR-weiten Einschränkung des freien Warenverkehrs** einer mangelhaften Maschine führen kann.

MRL Art. 14

Verstöße gegen das vorschriftsmäßige Inverkehrbringen von Maschinen werden in den Binnenmarktländern nach den Vorschriften geahndet, mit denen die EG-Maschinenrichtlinie und andere Binnenmarktrichtlinien in nationales Recht umgesetzt wurden. Mögliche Rechtsfolgen gegen Inverkehrbringer von Maschinen enthalten insbesondere das **Produktsicherheitsgesetz (ProdSG)**, das neue **Marktüberwachungsgesetz** von 2021, die **Rechtsverordnungen zum ProdSG** und das **EMV-Gesetz**.

ProdSG §§ 28 und 29
EMVG § 33

Die Maschinenverordnung (9. ProdSV) bezeichnet folgende Verstöße gegen die formellen Voraussetzungen des Inverkehrbringens als Ordnungswidrigkeiten, wenn vorsätzlich oder fahrlässig gehandelt wird:

9. ProdSV § 9

Inverkehrbringen von Maschinen

9. ProdSV § 9

- **ohne** (oder mit unvorschriftsmäßiger) **CE-Kennzeichnung** (bei verwendungsfertigen Maschinen),
- **ohne EG-Konformitätserklärung** (bei verwendungsfertigen Maschinen),
- ohne Einhaltung des vorgeschriebenen Verfahrens der Konformitätserklärung nach Anhang VII EG-Maschinenrichtlinie (d. h. **fehlende oder unvollständige technische Dokumentation**),
- **ohne Einbauerklärung** gemäß Anhang II B EG-Maschinenrichtlinie (bei unvollständigen Maschinen).

ProdSG § 28 (2)

Das **Produktsicherheitsgesetz (ProdSG)** bedroht die vorher genannten Ordnungswidrigkeiten mit einem **Bußgeld bis zu 100.000,– Euro**. Ein Bußgeld in gleicher Höhe ist möglich, wenn vorsätzlich oder fahrlässig **einer vollziehbaren Anordnung** zuwidergehandelt (z. B. Verbot des Inverkehrbringens einer Maschine, die Sicherheitsmängel aufweist) oder das GS-Zeichen missbräuchlich verwendet wird.

ProdSG § 29

Mit einer **Freiheitsstrafe** bis zu einem Jahr oder mit **Geldstrafe** kann bestraft werden, wer vorsätzlich die genannten Ordnungswidrigkeiten beharrlich wiederholt oder durch eine vorsätzliche Handlung Leben oder Gesundheit eines anderen oder fremde Sachen von bedeutendem Wert gefährdet.

ProdSG § 25

Nur noch im **§ 25 des Produktsicherheitsgesetz** werden die **Marktüberwachungsbehörden für ein Produkt**, das mit einem **GS-Zeichen** versehen ist, Maßnahmen treffen, die die Bereitstellung des Produkts auf dem Markt untersagt oder einschränkt oder seine Rücknahme oder sein Rückruf angeordnet wird.

MüG § 8

Am 16.07.2021 trat das Gesetz zur Marktüberwachung und zur Sicherstellung der Konformität von Produkten in Kraft. Mit dem MüG wurde die neue EU-Marktüberwachungsverordnung (Verordnung (EU) 2019/1020) umgesetzt und das bisherige im ProdSG geregelte Marktüberwachungsrecht in ein eigenes Gesetz übertragen.

Zielsetzung ist es, die Sicherheitsvorschriften und Marktüberwachung zu verbessern und im Gefahrfall Zugriffsmöglichkeiten der entsprechenden Überwachungsbehörden auf z. B. Verkaufs- und Onlineplattformen zu stärken.

Dieses Gesetz gilt für Produkte, die dem ProdSG unterliegen sowie für Produkte aus dem europäisch-harmonisierten und nicht harmonisierten Produktbereich.

Produkte aus dem europäisch-harmonisierten Produktbereich unterliegen den im Anhang I der EU-Marktüberwachungsverordnung genannten Rechtsvorschriften.

Produkte aus dem nicht harmonisierten Bereich werden auf nationaler Ebene geregelt und unterfallen nur der allgemeinen Produktsicherheitsrichtlinie (RL 2001/95/EG). Mehr Informationen dazu finden Sie in **Anlage VI** auf **Seite 110**. **Anlage VI**

Die haftungsrechtliche Bedeutung der CE-Kennzeichnung ist in juristischen Fachkreisen umstritten. Einerseits wird mit der Anbringung des Zeichens „CE“ und der zugehörigen EG-Konformitätserklärung des Maschinenherstellers eine Zusicherung im Sinne des BGB gesehen, andererseits stellt man das zurzeit noch in Frage. Es wird deshalb empfohlen, die Beschaffenheit einer bestellten Maschine kaufvertraglich festzulegen, um mehr Rechtssicherheit zu erreichen und ggf. die Gewährleistungsansprüche nach BGB in Anspruch nehmen zu können **(Kapitel 10)**.

Das **EMV-Gesetz** droht bei Verstößen gegen die Bestimmungen des Inverkehrbringens ein **Bußgeld bis zu 100.000,– Euro** an. Zur Durchsetzung von Anordnungen kann ein **Zwangsgeld von 500.000,– Euro** festgesetzt werden. **EMVG § 30** **EMVG § 33**

Die rechtlichen Folgen eines Inverkehrbringens von fehlerhaften Produkten, die **Personen- oder Sachschäden** ausgelöst haben, ergeben sich aus den zivil- und strafrechtlichen Vorschriften der Mitgliedsländer, z. B. in Deutschland

- Anklage wegen fahrlässiger Tötung oder Körperverletzung nach dem Strafgesetzbuch **(StGB)** **StGB**

15 Welche Rechtsfolgen sind möglich, wenn gegen Vorschriften verstoßen wird?

BGB
- Produzentenhaftung nach altem nationalen Recht gemäß Bürgerlichem Gesetzbuch **(BGB)**

ProdHaftG
- Produkthaftung nach europäischem Recht gemäß Produkthaftungsgesetz **(ProdHaftG)**

SGB
- Rückgriff der Berufsgenossenschaften gemäß Sozialgesetzbuch **(SGB)**

BGB
- Gewährleistung und Haftung für Folgeschäden im Rahmen der vertraglichen Haftung gemäß **BGB**.

ProdHaftG

Besonders hervorzuheben ist das EG-Produkthaftungsrecht. Die nationalen Umsetzungen der EG-Produkthaftungs-Richtlinie (in Deutschland das ab 1.1.1990 gültige **Produkthaftungsgesetz**) machen die Hersteller im Rahmen einer verschuldensunabhängigen Gefährdungshaftung für Personenschäden oder private Sachschäden haftbar, die durch **„Fehler eines Produktes"** verursacht wurden.

ProdHaftG
BGB

Produktfehler, für die u.U. gehaftet werden muss, können durch **Entwicklungs-, Konstruktions-, Fabrikations- oder Instruktionsfehler** verursacht werden. Auch eine **unterlassene Produktbeobachtung** auf dem Markt kann zu einer Haftung führen.

Haftpflichtansprüche (einschließlich Regressforderungen der Berufsgenossenschaften) können Hersteller durch das Inverkehrbringen von sicheren Produkten vermeiden. **Eine große Bedeutung haben dabei Betriebsanleitungen**, in denen der sichere Betrieb und die bestimmungsgemäße Verwendung zu beschreiben sind.

Die Betriebsanleitung ist Produktbestandteil. Instruktionsfehler in einer Betriebsanleitung können zu Rechtsfolgen führen, wenn sich dadurch ein Unfall ereignet.

ArbSchG
GewO
SGB VII
UVVen

Maschinenbetreiber (vornehmlich Arbeitgeber) müssen nach den Bußgeldvorschriften des **Arbeitsschutzgesetzes (ArbSchG)**, der **Gewerbeordnung (GewO)**, des **Sozialgesetzbuches (SGB)** und der **Unfallverhütungsvorschriften (UVVen)** mit Bußgeldverfahren rechnen, wenn gegen vollziehbare Anordnungen von Aufsichtspersonen der Arbeitsschutzbehörden und Berufsgenossenschaften verstoßen wird.

Mit Bußgeldern bedrohte **Verstöße gegen Bau- und Ausrüstungsbestimmungen in noch gültigen UVVen** müssen nur noch bei Alt- und Übergangsmaschinen ohne CE-Kennzeichnung beachtet werden. Die in den UVVen genannten **Verstöße gegen Betriebs- und Prüfbestimmungen** führen u. U. bei alten und neuen Maschinen zu Bußgeld verfahren. **DGUV 1**

Die **Betriebssicherheitsverordnung** bezeichnet vorsätzliche oder fahrlässige Verstöße gegen die Prüfbestimmungen von Arbeitsmitteln als Ordnungswidrigkeiten im Sinne des Arbeitsschutzgesetzes. Das Gleiche gilt für Verstöße gegen verschiedene Betriebs- und Prüfbestimmungen überwachungsbedürftiger Anlagen (z. B. Aufzugsanlagen). **BetrSichV § 22**

Arbeitgebern drohen laut **Arbeitsschutzgesetz** Geldbußen bis **30.000,– Euro**, Beschäftigten bis **5.000,– Euro**, wenn sie vollziehbaren Anordnungen der zuständigen Behörden zuwiderhandeln. **ArbSchG § 25**

Vorsätzliche bzw. beharrliche Wiederholungen bestimmter Handlungen, durch die u. a. Leben oder Gesundheit von Beschäftigten gefährdet werden, sind gemäß BetrSichV Straftaten. Das Arbeitsschutzgesetz sieht dafür Freiheitsstrafen bis zu einem Jahr oder Geldstrafen vor. **BetrSichV § 23** **ArbSchG § 26 (2)**

Personenschäden durch unvorschriftsmäßiges Betreiben von Maschinen können strafrechtliche **(Anklage wegen fahrlässiger Tötung oder Körperverletzung)** oder zivilrechtliche (z. B. **Regressforderungen der Berufsgenossenschaften**) zur Folge haben. Diese Rechtsfolgen sind möglich, wenn Sorgfaltspflichten verletzt wurden. Tatbestände können ein rechtswidriges und schuldhaftes Handeln oder Unter lassen sein, z. B. ein Aufsichts-, Organisations- oder Kontrollverschulden. **StGB SGB VII**

Die rechtlichen Folgen der Nichtbeachtung von Unternehmerpflichten behandelt die Broschüre „Pflichten der Unternehmer und Führungskräfte im Arbeitsschutz“, die im DCVerlag e.K., Bochum, erschienen ist (siehe auch www.dcverlag.de).

Wer beantwortet weitere Fragen?

Anschriften und Internetadressen

16

Europäische Kommissionen

Der **„Ständige Ausschuss"** beantwortet Fragen zur **Auslegung der EG-Maschinenrichtlinie**. Die bisher beantworteten Fragen und Antworten sind in einem Sonderdruck enthalten, der bei der BAuA (s. unten) kostenlos bestellt werden kann.	Kommission der Europäischen Gemeinschaften, Generaldirektion III Industrie Gewerbliche Wirtschaft II: Maschinenbau, Elektrotechnik Rue de la Loi 200 · B-1049 Bruxelles
Vertretung der Europäischen Kommission in der Bundesrepublik Deutschland	Anschrift: Unter den Linden 78 · 10117 Berlin Telefon 030 2280-2000 Internet: www.eu-kommission.de

KAN (Kommission Arbeitsschutz und Normung)

Die KAN wird vom Verein zur Förderung der Arbeitssicherheit in Europa e.V. (VFA) getragen und vom Bundesministerium für Arbeit und Soziales (BMAS) gefördert. Mitglieder im VFA sind die Berufsgenossenschaften und Unfallkassen als Träger der gesetzlichen Unfallversicherung. **„Norm Recherche Programm: NORA"**	Kommission Arbeitsschutz und Normung (KAN) Geschäftsstelle Alte Heerstraße 111 53757 Sankt Augustin Tel. +49 2241 231-3461 E-Mail: info@kan.de

Europäische Agentur für Sicherheit und Gesundheitsschutz am Arbeitsplatz

Online-Netzwerk mit mehr als 30 Websites über aktuelle und qualitätsgeprüfte Informationen zu Sicherheitsfragen.	Europäische Agentur für Sicherheit und Gesundheitsschutz am Arbeitsplatz Internet: http://osha.europa.eu/de

EUROSHNET

Europäisches Netzwerk für Arbeitsschutzexperten aus Normung, Prüfung/Zertifizierung mit damit verbundener Forschung.	Internet: www.kan.de/netzwerke/euroshnet

Länderausschuss für Arbeitsschutz und Sicherheitstechnik (LASI)

Die Internetseiten des LASI enthalten u. a. aktuelle Infos, Rechtsvorschriften, Leitlinien, Handlungsanleitungen und Fachdatenbanken zum Arbeitsschutz.	u. a. besteht eine Downloadmöglichkeit für folgende Unterlagen: • Leitlinien zur BetrSichV • Leitlinien zum ProdSG • LASI-Papier :„Maschinen ohne CE" Internet: http://lasi.osha.de/

Bundesanstalt für Arbeitsschutz und Arbeitsmedizin (BAuA)

Die Webseite der BAuA enthält umfangreiche und **gut gegliederte Informationen** zu allen Bereichen der Arbeitssicherheit. Erhältlich ist auch eine stets aktuelle Zusammenstellung von **Fachberichten** zu Arbeitsschutzthemen.

Bundesanstalt für Arbeitsschutz
und Arbeitsmedizin
Postfach 17 02 02 · 44061 Dortmund
Telefon: 0231 9071-0
Internet: www.baua.de

Zentralstelle der Länder für Sicherheitstechnik (ZLS)

Informationsplattform für Fachleute und Laien. Einfacher Zugang zu europäischen und nationalen Vorschriften, die beim Inverkehrbringen zu berücksichtigen sind.

Internet: www.zls-muenchen.de

KomNet – Kompetenznetz Moderne Arbeit

Das Land NRW bietet kostenlose Online-Beratung zur sicheren Arbeitsgestaltung an.

Telefon: 01803 100110
Internet: www.komnet.nrw.de

EMV-Förderverein

Der Verein unterstützt als neutrale, durch das Land NRW geförderte Institution **besonders kleine und mittelständische Unternehmen** bei der Anwendung der EMV-Richtlinie und des EMV-Gesetzes. In einem **EMV-Testzentrum** besteht die Möglichkeit, **EMV-Prüfungen** durchzuführen.

Verein zur Förderung der EMV-Technologie
im Land NRW e.V.
Emil-Figge-Straße 76 · 44227 Dortmund
Telefon: 0231 9742-336
Internet: www.emv-foerderverein.de

Staatliche Ämter für Arbeitsschutz/Gewerbeaufsichtsämter/Bezirksregierungen/Bergämter

Auskünfte geben die für das Produktsicherheitsgesetz (ProdSG) zuständigen **Landesbehörden**.

Anschrift der zuständigen Behörde

Bundesnetzagentur

Bei der Bundesnetzagentur für Elektrizität, Gas, Telekommunikation, Post und Eisenbahn ist Informationsmaterial zur **Anwendung des EMV-Gesetzes** erhältlich.

Bundesnetzagentur
Tulpenfeld 4 · 53105 Bonn
Telefon: 0228 -140
Internet: www.bundesnetzagentur.de

Informationssystem zur Marktüberwachung (ICSMS)

Das im Oktober 2002 eingerichtete **Informationssystem zur Marktüberwachung von technischen Produkten (ICSMS)** bietet Informationen über beanstandete Produkte.

Internet: www.icsms.org

Gewerbliche Berufsgenossenschaften

Fragen zu den neuen Rechtsgrundlagen beantworten die **Technischen Aufsichtsdienste** und **Fachbereiche**.
Die Maschinen- und Anlagensicherheit wird auch in **Seminaren** behandelt, die verschiedene BGen durchführen.

Deutsche Gesetzliche
Unfallversicherung (DGUV)
Glinkastraße 40, 10117 Berlin
Telefon: 030 288 763 800
Internet: www.dguv.de

Prüf- und Zertifizierungssystem der Deutschen Gesetzlichen Unfallversicherung (DGUV Test)

DGUV Test informiert umfassend über die **Prüfung und Zertifizierung von Produkten** und **Qualitätsmanagementsystemen** sowie über die CE-Kennzeichnung.

Eine Datenbank geprüfter Produkte bietet praktische Hilfen für Einkäufer. Einsehbar sind die Tätigkeitsbereiche der Prüf- und Zertifizierungsstellen.

Internet: www.dguv.de/dguv-test

Institut für Arbeitsschutz der Deutschen Gesetzlichen Unfallversicherung (IFA)

Das IFA bietet umfangreiche Informationen zu **Forschungsprojekten**, aktuellen **Publikationen** und speziellen **Fachinformationsdatenbanken**.

Institut für Arbeitsschutz der DGUV (IFA)
Alte Heerstraße 111 · 53757 Sankt Augustin
Telefon: 030 13001-0
Internet: www.dguv.de/ifa

Deutsches Institut für Normung (DIN)

Rund um die zentrale **Dienstleistung der Normung** bietet das **DIN**, in der Regel über den Beuth Verlag, eine Reihe von **Dienstleistungen** an, die den Zugang zu den Normen und Norminhalten erleichtern.

DIN Deutsches Institut für Normung e.V.
Burggrafenstraße 6 · 10787 Berlin
Telefon: 030 2601-0
Internet: www.din.de

Seminare im Haus der Technik

Das **Haus der Technik** veranstaltet u. a. Seminare zu den Themen

- **Neue EU-Maschinenverordnung**
- **EG-Maschinenrichtlinie 2006/42/EG**
- **CE-Kennzeichnung nach MRL**
- **Sicherheit bei Umbauten/wesentlichen Änderungen**

Haus der Technik e.V.
Hollestraße 1 · 45127 Essen
Telefon: 0201 1803-1
Internet: www.hdt-essen.de

Anlagen

Der Europäische Wirtschaftsraum (EWR)

Der Europäische Wirtschaftsraum umfasste bis April 2004 18 Länder, und zwar 15 Länder der Europäischen Union (EU) und 3 Länder der EFTA, der Europäischen Freihandelszone (Norwegen, Liechtenstein und Island). Auch die Schweiz ist per Vertrag vom 01.06.2002 an den EWR angegliedert. Dies gilt auch für Monaco, Andorra und San Marino.

Am 1. Mai 2004 sind 10 neue Länder in die EU aufgenommen worden. Anfang 2007 ist der Beitritt von 2 weiteren Ländern (Rumänien und Bulgarien) vollzogen worden. Zum 01.07.2013 ist Kroatien als weiteres EU-Mitgliedsland beigetreten. Mit dem Ausscheiden von UK (Brexit) zum 01.01.2021 verringerte sich die Anzahl der EU-Staaten auf 27. Somit umfasst der EWR derzeit 34 Länder.

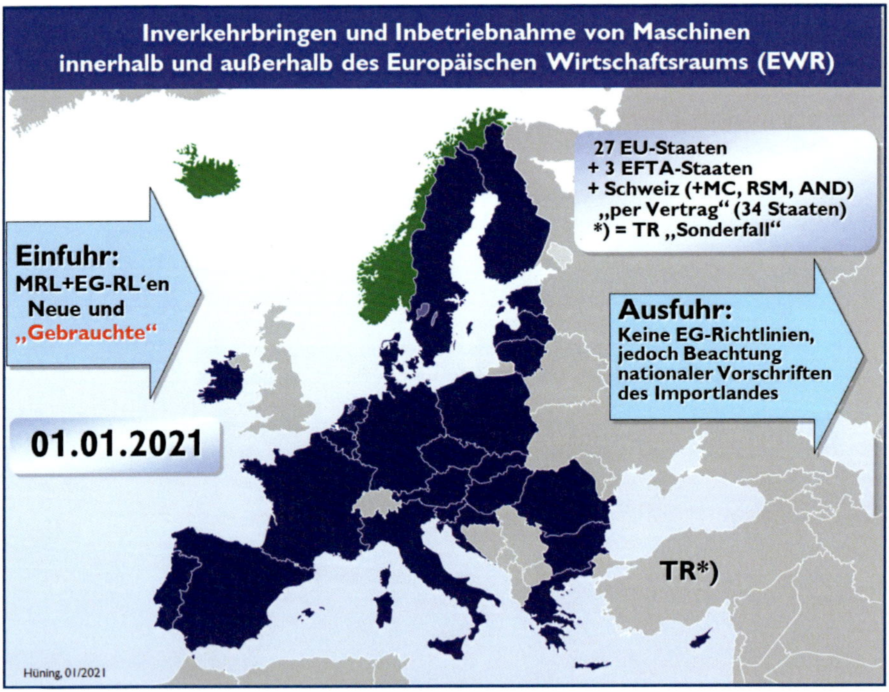

Inverkehrbringen und Inbetriebnahme von Maschinen innerhalb und außerhalb des Europäischen Wirtschaftsraums (EWR)

27 EU-Staaten
+ 3 EFTA-Staaten
+ Schweiz (+MC, RSM, AND)
„per Vertrag" (34 Staaten)
*) = TR „Sonderfall"

Einfuhr:
MRL+EG-RL'en
Neue und
„Gebrauchte"

Ausfuhr:
Keine EG-Richtlinien, jedoch Beachtung nationaler Vorschriften des Importlandes

01.01.2021

TR*)

Hüning, 01/2021

Entwicklung seit 1993:

1.1.1993:	**Eröffnung des europäischen Binnenmarktes**
1.11.1993:	In-Kraft-Treten des am 7.2.1992 in Maastricht von den 12 Mitgliedsstaaten der Europäischen Gemeinschaft (EG) unterzeichneten **„Vertrag über die Europäische Union“ (EU)**
1.1.1994:	In-Kraft-Treten des Abkommens zur **Gründung des Europäischen Wirtschaftsraumes**. Vertragsstaaten sind die 12 EU-Länder und die EFTA-Staaten Österreich, Finnland, Island, Liechtenstein, Norwegen und Schweden. **Die Schweiz gehört der EFTA an, ist aber nicht Vertragspartei des EWR-Abkommens**. Norwegen lehnt den Beitritt zur EU ab, bleibt aber Teilnehmer am EWR.
1.1.1995:	Die EFTA-Länder **Österreich, Finnland und Schweden** treten der EU bei.
1.5.1995:	Nach einer Volksabstimmung wird der Beitritt von **Liechtenstein** zum EWR wirksam.
1.1.1997:	In die Schweiz gelieferte Maschinen müssen ab dem 1.1.1997 der EG-Maschinenrichtlinie entsprechen.
Anfang 1998:	Beginn der Beitrittsverhandlungen zur Aufnahme in die EU mit **Polen, Ungarn, Tschechien, Slowenien, Estland und Zypern**.
Dezember 1999:	Die EU gewährt der Türkei den Status eines Beitrittskandidaten.
Jahr 2000:	Beginn der Beitrittsverhandlungen zur Aufnahme in die EU mit **Slowakei, Litauen, Lettland, Rumänien, Bulgarien und Malta**.
1.6.2002:	Die **Schweiz** wird nach einem Abkommen mit der EU quasi zu einem „Binnenmarkt-Mitglied“.
Dezember 2002:	Auf dem EU-Gipfel in Kopenhagen wird die **EU-Erweiterung** beschlossen. Beitrittsländer ab 2004 sind **Estland, Lettland, Litauen, Polen, Tschechien, Slowakei, Ungarn, Slowenien, Malta und Zypern**.
1.1.2007	Beitrittsländer ab 2007 sind: **Rumänien, Bulgarien**.
Seit 2007	Die Türkei hat freiwillig die Maschinenrichtlinie als nationalen Stand der Technik festgeschrieben.
Seit 2009	Die Türkei hat freiwillig die „neue“ EG Maschinenrichtlinie 2006/42/EG auch als nationalen Stand der Technik festgeschrieben.
1.1.2013	**Kroatien** tritt als 28. Staat der EU bei.
06/2016:	**„Brexit“-Entscheidung** des Vereinigten Königreiches
1.1.2021:	**Vereinigtes Königreich (UK)** nicht mehr in der EU. Die EU besteht aus 27 Staaten.

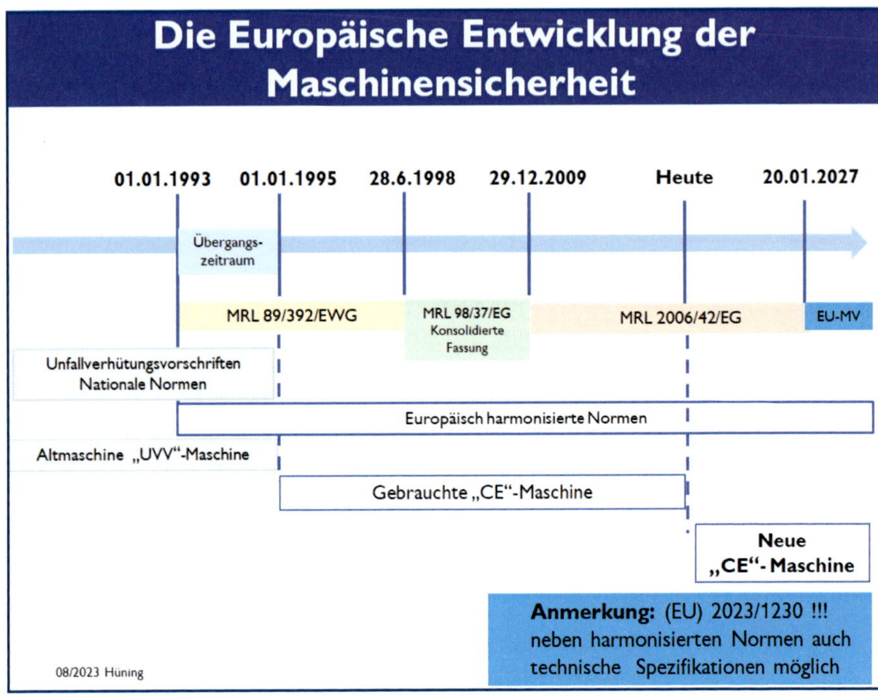

Die obere Abbildung gibt die europäische Entwicklung der Maschinensicherheit mit den drei EG-Maschinenrichtlinien wider und einen Ausblick auf die neue EU-Maschinenverordnung (EU) 2023/1230.

Ferner werden auch die Begrifflichkeiten von Maschinen, abhängig von den Baujahren, zum Zeitpunkts des Inverkehrbringens dargestellt.

Informationen zur neuen EU-Maschinenverordnung (EU) 2023/1230

Am 29. Juni 2023 wurde die Europäische Maschinenverordnung im EU-Amtsblatt veröffentlicht und ist ab dem 20. Januar 2027 verbindlich anzuwenden.

Diese Anlage gibt einen ersten Überblick über die Neuerungen, Änderungen und auch die „Überraschungen" für den Maschinen- und Anlagenbau.

Neu ist, dass es eine **EU-Maschinen*verordnung*** gibt und keine der gängigen Sprachpraxis zugeordnete „neuen" **EG-Maschinen*richtlinie***.

Dies ist der EU-Gesetzgebung geschuldet. EU-Verordnungen werden von der Europäischen Union verabschiedet und sind nach einer gewissen Übergangszeit direkt verpflichtend anwendbar.

▶ Warum eine neue EU-Maschinenverordnung?

Die Gründe für die Novellierung sind plausibel, da die „technischen Denke" der aktuellen Maschinenrichtlinie 2006/42/EG den Anfängen der 2000er Jahre entspricht. Rasante Entwicklungen in der Technik, in der funktionalen Sicherheit und Digitalisierung, Anforderungen an Cybersicherheit sowie überfällige Angleichungen von Rechtsvorschriften machen diese Novellierung erforderlich.

▶ Was ist neu und muss im zukünftigen betrieblichen Ablauf berücksichtigt werden?

Bedauerlicherweise wurde die Struktur der Anhänge neu aufgestellt Es müssen neue Dokumentationsstrukturen erstellt und Lasten- und Pflichtenhefte angepasst werden. Die wesentliche Veränderung wird europäisch. Dies hat zweifellos Vorteile für den Anlagen- und Maschinenbau sowie für die Retrofit-Branche.

Die nachfolgende Tabelle auf Seite 94/95 zeigt eine Gegenüberstellung der Maschinenrichtlinie MRL 2006/42/EG und der neuen Maschinenverordnung (EU) 2023/1230.

Gegenüberstellung:

MRL 2006/42/EG	(EU) 2023/1230
Verfügender Teil	**Allgemeine Bestimmungen** NEU
Artikel 1 bis 29	Artikel 1 bis 54 (IX-Kapitel)
Anhang I	**Anhang III** z. T. NEU
Grundlegende Sicherheits- und Gesundheitsschutzanforderungen für Konstruktion und Bau von Maschinen (Abschnitte 1 bis 6)	Grundlegende Sicherheits- und Gesundheitsschutzanforderungen für Konstruktion und Bau von Maschinen und dazugehörigen Produkten (Abschnitt 1 bis 6)
Anhang II	**Anhang V**
a) EG-Konformitätserklärung für eine Maschine b) Erklärung für den Einbau einer unvollständigen Maschine	A) EU-Konformitätserklärung für Maschinen und dazugehörige Produkte B) EU-Erklärung für unvollständige Maschinen
Anhang III	**Artikel 20**
CE-Kennzeichnung	Art. 30 EG VO Nr. 765/2008
Anhang IV	**Anhang I** 
Kategorien von Maschinen, für die eines der Verfahren nach Artikel 12 Absätze 3 und 4 anzuwenden ist.	„Hochrisiko"-Kategorien von Maschinen, für die eines der Verfahren nach Art. 25 anzuwenden ist (Teile A und B)
Anhang V	**Anhang II**
Nicht erschöpfende Liste der Sicherheitsbauteile im Sinne des Artikel 2c	Nicht erschöpfende Liste der Sicherheitsbauteile
Anhang VI	**Anhang XI**
Montageanleitung für eine unvollständige Maschine	Montageanleitung für eine unvollständige Maschine

MRL 2006/42/EG	(EU) 2023/1230
Anhang VII	**Anhang IV**
a) Technische Unterlagen für Maschinen b) Spezielle technische Unterlagen für unvollständige Maschinen	A) Technische Unterlagen für Maschinen B) Einschlägige technische Unterlagen für unvollständige Maschinen
Anhang VII + VIII (Art. 12)	**Anhang VI**
Bewertung der Konformität einer Maschine durch interne Fertigungskontrollen	Interne Fertigungskontrollen (Modul A)
Anhang IX	**Anhang VII**
EG-Baumusterprüfung	EU-Baumusterprüfung (Modul B)
Anhang X	**Anhang IX**
Umfassende Qualifätssicherung	Umfassende Qualitätskontrolle (Modul H)
Anhang XI	**Artikel 30**
Von den Mitgliedstaaten zu berücksichtigende Mindestkriterien für die Meldung der Stellen	Anforderungen an die benannten Stellen
Anhang XII	**Anhang XII**
Enstprechungstabelle	Entsprechungstabelle
	Anhang VIII NEU
	Konformität mit Bauart – Interne Fertigungskontrollen (Modul C)
	Anhang X NEU
	Konformität auf der Grundlage einer Einzelprüfung (Modul G)
29 Artikel und 12 Anhänge	**54 Artikel und 12 Anhänge**

Die Verbesserungen der neuen (EU) 2023/1230 und Änderungen in den Anhängen

▶ Anhang I

Der wenig „populäre" Anhang IV der aktuellen MRL 2006/42/EG, der zukünftig mit „Hochrisikomaschinen" gelistet wird, unterteilt sich zukünftig in die Teile A und B für die EU-Konformitätsbewertung.

Im Teil A ist die CE-Kennzeichnung nur über Baumusterprüfstellen (N.B.) möglich. Im größeren Teil B ist auch über EU-Normen – wie gehabt – durch die interne Fertigungskontrolle die CE-Kennzeichnung zu erreichen.

▶ Anhang III

- Anforderung an die Cybersicherheit gegen Einflussnahme von außen, so dass keine gefährlichen Situationen entstehen dürfen,
- in Silos oder engen Behältern muss das „Mannloch" für die zu rettende Person und Rettungshilfen groß genug ausgeführt werden,
- sicherheitstechnische Verbesserungen an mobilen Geräten,
- Betriebsanleitung kann in Papier- und digitaler Form erstellt werden,
- Wegfall der „Original-Betriebsanleitung" in Herstellersprache.

▶ Anhang V

Die EU-Konformitäts- und EU-Einbauerklärungen sind konkretisiert worden, so dass sie neben Papier- auch in digitaler Form mit Fotos von Maschinen oder unvollständigen Maschinen erstellt werden können.

▶ Anhang XI

Die Montageanleitung ist wesentlich umfangreicher und erheblich sicherheitstechnisch aufgewertet worden.

Europäische und nationale Rechtsgrundlagen (Auswahl)

Europäische Richtlinien

▶ EU-Maschinenverordnung

Verordnung (EU) **2023/1230** des Europäischen Parlaments und des Rates vom 14. Juni 2023 über Maschinen und zur Aufhebung der Richtlinie 2006/42/EG des Europäischen Parlaments und des Rates und der Richtlinie 73/361/EWG des Rates.

▶ Berichtigungen vom 04.07.2023 zur EU-Maschinenverordnung

Berichtigung der Verordnung (EU) 2023/1230 des Europäischen Parlaments und des Rates vom 14. Juni 2023 über Maschinen und zur Aufhebung der Richtlinie 2006/42/EG des Europäischen Parlaments und des Rates und der Richtlinie 73/361/EWG des Rates

▶ EG-Maschinenrichtlinie

Richtlinie **2006/42/EG** des Europäischen Parlamentes und des Rates vom 17.05.2006 zur Angleichung der Rechts- und Verwaltungsvorschriften der Mitgliedstaaten für Maschinen und zur Änderung der RL 95/16/EG.

National umgesetzt durch die 9. ProdSV.

Geltungsbereich:
Maschinen, Gesamtheit von Maschinen, auswechselbare Ausrüstungen zur Änderung der Funktion von Maschinen, Sicherheitsbauteile u. a. m.

▶ EG-Änderungsrichtlinie 2009/127/EG Umsetzung durch 9. ProdSV vom 15.12.2009

▶ EMV-Richtlinie

Richtlinie des Rates vom 03.05.1989 zur Angleichung der Rechtsvorschriften der Mitgliedstaaten über die elektromagnetische Verträglichkeit (**89/336/EWG**), geändert durch die Richtlinien 91/263/EWG, 92/31/EWG und 93/68/EWG.

Neugefasst durch die Richtlinie **2014/30/EU**.

National umgesetzt durch das EMV-Gesetz (12/2016).

Geltungsbereich:
Geräte, die elektromagnetische Störungen verursachen können oder deren Betrieb durch derartige Störungen beeinträchtigt werden kann. Gültig auch für elektrische/elektronische Maschinenausrüstungen.

▶ EG-Niederspannungsrichtlinie

Richtlinie des Rates (vom 19.02.1973) für elektrische Betriebsmittel zur Verwendung innerhalb bestimmter Spannungsgrenzen (**73/23/EWG**), geändert durch die Richtlinie des Rates vom 22.07.1993 (93/68/EWG).

Kodifizierte Fassung **2014/35/EU** am 20.04.2014 im EU-Amtsblatt veröffentlicht. Inkrafttreten am 20.04.2016.

National umgesetzt durch die 1. ProdSV.

Geltungsbereich:
Elektrische Betriebsmittel (z. B. Elektromaterial, Elektrogeräte, elektrische Ausrüstung von Maschinen) zur Ver-

wendung bei Nennspannungen von 75 bis 1500 Volt Gleichstrom und 50 bis 1000 Volt Wechselstrom. Gültig auch für Maschinen mit über wiegend elektrischen Gefahren.

- **EG-Explosionsschutz-Richtlinie**

Richtlinie vom 20.12.1996 zur Angleichung der Rechtsvorschriften der Mitgliedsstaaten für Geräte und Schutzsysteme zur bestimmungsgemäßen Verwendung in explosionsgefährdeten Bereichen (**2014/34/EU**).

National umgesetzt durch die 11. ProdSV.

Geltungsbereich:
Die Richtlinie gilt u. a. für Explosionsgefahren, die von Maschinen ausgehen.

- **EG-Druckgeräte-Richtlinie**

Richtlinie **2014/68/EU** des Europäischen Parlamentes und des Rates zur Angleichung der Rechtsvorschriften der Mitgliedstaaten über Druckgeräte.

National umgesetzt durch die 14. ProdSV.

Geltungsbereich:
Die Richtlinie gilt u. a. für Behälter, Rohrleitungen und druckhaltende Ausrüstungsteile mit einem maximal zulässigen Druck von über 0,5 bar (z. B. Druckspeicher). Sie gilt nicht für Maschinen mit geringem Gefahrenpotenzial (Kategorie I) und nicht für Geräte mit Gehäusen und Teilen von Maschinen, bei denen der Druck keinen wesentlichen Faktor für die Konstruktion darstellt (z. B. Motoren, Turbinen oder Pumpen).

- **EG-Rahmenrichtlinie Arbeitsschutz**

Richtlinie des Rates vom 12.06.1989 über die Durchführung von Maßnahmen zur Verbesserung der Sicherheit und des Gesundheitsschutzes der Arbeitnehmer bei der Arbeit (**89/391/EWG**).

National umgesetzt durch das Arbeitsschutzgesetz.

- **EG-Arbeitsmittel-Benutzungs-Richtlinie**

Richtlinie des Rates vom 30.11.1989 über Mindestvorschriften für Sicherheit und Gesundheitsschutz bei der Benutzung von Arbeitsmitteln durch Arbeitnehmer bei der Arbeit (**89/655/EWG**).

Zunächst national umgesetzt durch die Arbeitsmittelbenutzungsverordnung (AMBV).

Geändert durch die Richtlinien des Rates vom 05.12.1995 (95/63/EG) und vom 27.06.2001 (2001/45/EG).

Jetzt insgesamt national umgesetzt durch die BetrSichV.

- **EG-Arbeitsmittel-Richtlinie 2009/104/EG**

Verordnung über Sicherheit und Gesundheit bei der Bereitstellung von Arbeitsmitteln und deren Benutzung bei der Arbeit, über Sicherheit beim Betrieb überwachungsbedürftiger Anlagen und über die Organisation des betrieblichen Arbeitsschutzes.

Umsetzung durch BetrSichV

- **EG-Arbeitnehmer-Explosionsschutz-Richtlinie**

Richtlinie vom 16.12.1999 über Mindestvorschriften zur Verbesserung des Gesundheitsschutzes und der Sicherheit der Arbeitnehmer, die durch explosionsfähige Atmosphären gefährdet werden können (**1999/92/EG**).

National umgesetzt durch die BetrSichV (nur Prüfvorschriften).

Nationale Gesetze und Verordnungen

Produktsicherheitsgesetz

Gesetz über die Bereitstellung von Produkten auf dem Markt (Produktsicherheitsgesetz – **ProdSG**) vom 11. November 2011.

Gesetz über die Bereitstellung von Produkten auf dem Markt (Produktsicherheitsgesetz - ProdSG) vom 27.07.2021

VO über elektrische Betriebsmittel

Erste Verordnung zum Produktsicherheitsgesetz (Verordnung über die Bereitstellung elektrischer Betriebsmittel zur Verwendung innerhalb bestimmter Spannungsgrenzen auf dem Markt – **1. ProdSV**) vom 20.04.2016.

Maschinenverordnung

Neunte Verordnung zum Produktsicherheitsgesetz (Maschinenverordnung – **9. ProdSV**) vom 12. Mai 1993 (BGBl. I S. 704), die zuletzt durch Artikel 19 des Gesetzes vom 11. November 2011 (BGBl. I S. 2178) geändert worden ist.

Explosionsschutzverordnung

Elfte Verordnung zum Produktsicherheitsgesetz (Explosionsschutzverordnung – **11. ProdSV**) Richtlinie 2014/34/EU, anwendbar ab 20.04.2016.

Druckgeräteverordnung

Vierzehnte Verordnung zum Produktsicherheitsgesetz (Druckgeräteverordnung – **14. ProdSV**) Richtlinie 2014/68/EU, in Kraft getreten am 01.06.2015.

EMV-Gesetz

Gesetz über die elektromagnetische Verträglichkeit von Betriebsmitteln (EMVG) vom 14.12.2016

Anwendung ab 22.12.2016

Produkthaftungsgesetz

Gesetz über die Haftung für fehlerhafte Produkte (Produkthaftungsgesetz – **ProdHaftG**) vom 15.12.1989.

Aktualisierung: Am 28.09.2022 haben das EUROPÄISCHE PARLAMENT und der RAT einen Vorschlag für eine RICHTLINIE über die Haftung für fehlerhafte Produkte veröffentlicht.

Arbeitsschutzgesetz

Gesetz über die Durchführung von Maßnahmen des Arbeitsschutzes zur Verbesserung der Sicherheit und des Gesundheitsschutzes der Beschäftigten bei der Arbeit (Arbeitsschutzgesetz – **ArbSchG**) vom 21.08.1996.

Betriebssicherheitsverordnung

Verordnung über Sicherheit und Gesundheitsschutz bei der Verwendung von Arbeitsmitteln (Betriebssicherheitsverordnung – **BetrSichV**); gültig ab 01.06.2015

EG-Änderungsrichtlinie 2009/127/EG

Am 25. November 2009 wurde die „Richtlinie 2009/127/EG des Europäischen Parlaments und des Rates vom 21. Oktober 2009 zur Änderung der Richtlinie 2006/42/EG betreffend Maschinen zur Ausbringung von Pestiziden" veröffentlicht.

Sie sieht eine Harmonisierung der Umweltschutzanforderungen und Konformitätsbewertungsverfahren für das Inverkehrbringen neuer Pestizidausbringungsmaschinen vor, wie zum Beispiel Spritz- und Sprühgeräte, die von Traktoren gezogen werden, beziehungsweise an Helikoptern angebracht sind, aber auch solche Geräte, die vom Benutzer getragen werden können.

Im Anhang I der EG-Maschinenrichtlinie 2006/42/EG werden diese Umweltanforderungen im Abschnitt 2.4 nur für diese Maschinen bindend. Die 9. ProdSV (Maschinenverordnung) wurde am 15.12.2011 dahingehend geändert.

„Neues“ Produktsicherheitsgesetz (ProdSG)

Das ProdSG wurde überarbeitet und gilt seit dem 27. Juli 2021 in seiner neuen Fassung. Das ProdSG ist die zentrale Rechtsvorschrift für die Sicherheit von Produkten in Deutschland. Es dient der Umsetzung von Europäischen Rechtsvorschriften zum Inverkehrbringen und Bereitstellen von Produkten auf dem Europäischen Markt.

Produkte sind nach dem ProdSG Waren, Stoffe oder Gemische, die durch einen Fertigungsprozess hergestellt worden sind. Verbraucherprodukte sind laut Definition des ProdSG neue, gebrauchte oder wiederaufgearbeitete Produkte, die für Verbraucherinnen und Verbrauchern bestimmt sind oder unter Bedingungen, die nach vernünftigem Ermessen vorhersehbar sind, von Verbraucherinnen und Verbrauchern benutzt werden könnten, selbst wenn sie nicht für diese bestimmt sind. Der größte Teil aller Produkte, auch ein großer Teil aller Arbeitsmittel sind also hiernach Verbraucherprodukte.

Das Gesetz gilt für alle Produkte, die im Rahmen einer Geschäftstätigkeit auf dem Markt bereitgestellt. Bei bestimmten Produkten, z. B. Maschinen, gilt das Gesetz auch für das erstmalige Verwenden, wenn das Produkt im Eigenbau hergestellt wurde. Produkte dürfen beim Bereitstellen auf dem Markt die Sicherheit und Gesundheit von Personen nicht gefährden. Was das konkret bedeutet, ist in § 3 des Gesetzes aufgeführt. Neben der bestimmungsgemäßen Verwendung hat der Hersteller auch die vorhersehbare Verwendung zu betrachten. Für Verbraucherprodukte gelten zusätzliche Anforderungen, die in § 6 geregelt sind. So müssen z. B. alle Verbraucherprodukte den Namen und die Kontaktanschrift des Herstellers und eine Produktidentifikation tragen. Grundlage hierfür ist die europäische Produktsicherheitsrichtlinie 2001/95/EG, die mit dem ProdSG in deutsches Recht umgesetzt wird.

Hersteller, Bevollmächtigte, Importeure und Händler müssen eng mit den Marktüberwachungsbehörden zusammenarbeiten. Unsichere Produkte müssen den Behörden gemeldet werden.

Verwendungsfertige Produkte dürfen mit dem GS-Zeichen für Geprüfte Sicherheit versehen werden, wenn das Zeichen von einer GS-Stelle zuerkannt wurde

Das ProdSG regelt auch die Aufgaben der Marktüberwachungsbehörden.

Neues Marktüberwachungsgesetz (MüG)

Am 16. Juli 2021 trat das Marktüberwachungsgesetz in Kraft, das einen einheitlichen Rechtsrahmen zur Marktüberwachung von Produkten schafft.

In der Verordnung (EU) 2019/1020 über Marktüberwachung und die Konformität von Produkten ist der Anwendungsbereich weit gespannt und erstreckt sich über Aufzüge, Maschinen, Kraftfahrzeuge, Bauprodukte bis hin zu Explosivstoffen und Spielzeug.

Die EU-Marktüberwachungsverordnung 2019/1020 enthält erstmals maßgebliche Bestimmungen für die Marktüberwachung im Online-Handel; damit wird dem in diesem Wirtschaftsbereich stetig steigenden Umsatz Rechnung getragen. Zukünftig sind sowohl online als auch offline auf dem Markt bereitgestellte Produkte gleichermaßen in der behördlichen Marktüberwachung zu berücksichtigen.

Außerdem ist eine gesetzliche Verpflichtung verankert, nach der für bestimmte Produktgruppen, z.B. elektrische Betriebsmittel, Maschinen, Aufzüge, PSA oder Druckgeräte, zumindest ein Bevollmächtigter im europäischen Binnenmarkt als Wirtschaftsakteur benannt werden muss, wenn es keinen in der EU niedergelassenen Hersteller, Einführer oder Fulfilment-Dienstleister (*„Unternehmen, das Auftragsabwicklungsdienste für Unternehmen anbietet“*) gibt. Damit dürften die Probleme sowohl bei der Nachverfolgung als auch bei der Umsetzung von adäquaten Maßnahmen durch die Marktüberwachungsbehörden bei online angebotenen Produkten, auf denen lediglich der Hersteller bzw. Versender aus einem Drittstaat angegeben ist, der Vergangenheit angehören.

Bisher war in Deutschland das Produktsicherheitsgesetz alleinige Grundlage für die Marktüberwachung, um die sicherheitstechnischen Anforderungen an die Bereitstellung von Produkten auf dem Markt durchzusetzen. Nunmehr ist für Produkte, für die es harmonisierende europäische Rechtsvorschriften gibt, die Verordnung (EU) 2019/1020 die maßgebliche Rechtsvorschrift auf die Produktsicherheit. Für nicht harmonisierte Produkte gilt das Gesetz zur Marktüberwachung zur Sicherstellung von Produkten.

Das Produktsicherheitsgesetz regelt als zentrale Rechtsvorschrift weiterhin die Voraussetzungen, wie Produkte auf dem Markt bereitgestellt, ausgestellt oder erstmals verwendet werden. Es bleibt die Grundlage für die Umsetzung produktbezogener EG-Binnenmarktrichtlinien sowie der Produktsicherheitsrichtlinie 2001/95/EG.

Somit ist das Produktsicherheitsgesetz nunmehr wieder ein eigenständiges Gesetz ausschließlich zur Bereitstellung von Produkten geworden.

Fachbereiche der DGUV

Prüf- und Zertifizierungsstellen

Die Berufsgenossenschaften haben ca. 15 Fachbereiche mit verschiedenen Sachgebieten der Arbeitssicherheit gebildet.

Nachfolgend finden Sie eine Auswahl der Fachbereiche, die u. a. für bestimmte Maschinen im Sinne der EG-Maschinenrichtlinie zuständig sind.

Die meisten Fachausschüsse führen als zugelassene Stellen GS-Prüfungen nach § 20 Produktsicherheitsgesetz durch.

Die vollständigen Aufgabenbereiche der berufsgenossenschaftlichen Prüf- und Zertifizierungsstellen können dem DGUV Grundsatz 300-001: „Fachbereiche und Sachgebiete der Deutschen Gesetzlichen Unfallversicherung (DGUV)" von 02/2020 entnommen werden.

Die **Internet-Adresse** **www.dguv.de/dguv-test** bietet die Möglichkeit, sachgebietsbezogen eine bestimmte Prüfstelle herauszusuchen.

Fachbereiche der DGUV (Auswahl)	Sachgebiete (Auswahl)
Fachbereich Bauwesen Berufsgenossenschaft der Bauwirtschaft – BG BAU Hildegardstr. 29/30, 10715 Berlin Telefon: 030 85781 - 370 E-Mail: **fb-bauwesen@bgbau.de** Internet: **www.bgbau.de**	Maschinen, Geräte, Einrichtungen des Hochbaus, Hebeeinrichtungen (z. B. Krane und hochziehbare Personenaufnahmemittel), Flüssigkeitsstrahler, Reinigungsmaschinen Erdbaumaschinen, Tiefbaumaschinen, Straßenbaumaschinen, Gleisbaumaschinen
Fachbereich Energie, Textil, Elektro, Medienerzeugnisse (ETEM) BG Energie Textil Elektro Medienerzeugnisse Fachbereich Energie Textil Elektro Medienerzeugnisse c/o BG Energie Textil Elektro Medienerzeugnisse Rheinstraße 6-8, 65185 Wiesbaden Telefon: 0611 131 - 8168 E-Mail: **fb-etem@bgetem.de** Internet: **www.bgetem.de**	Steuerungen, Labormaschinen, Bearbeitungslaser, Sicherheitsbauteile, elektromagnetische Verträglichkeit Maschinen für die Herstellung von Wellpappe, Druckmaschinen, Papierverarbeitungsmaschinen, Verpackungsmaschinen für Druckerzeugnisse, Vervielfältigungsmaschinen Maschinen für die Herstellung und Verarbeitung von Textilien und Bekleidung, Maschinen für Bügeleien, Nähereien, Zuschneidereien, Reinigungen, Wäschereien
Fachbereich Handel und Logistik Berufsgenossenschaft Handel und Warenlogistik Dr. Hans-Peter Kany M 5,7, 68161 Mannheim Telefon: 0621 183 - 5910 E-Mail: **hp.kany@bghw.de** Internet: **www.bghw.de**	Lastaufnahmemittel, Flurförderzeuge, Stetigförderer, Hebebühnen, Regalbediengeräte, Paket- und Ballenpressen Kraftbetätigte Klapptreppen, Fahrzeugwasch- und -polieranlagen, kraftbetätigte Ladebrücken, Fangvorrichtungen für Fenster, Türen und Tore

Fachbereiche der DGUV (Auswahl)	Sachgebiete (Auswahl)
Fachbereich Holz und Metall Berufsgenossenschaft Holz und Metall Kontaktdaten der Geschäftsstelle. Fachbereich Holz und Metall c/o Berufsgenossenschaft Holz und Metall Vollmoellerstraße 11, 70563 Stuttgart Telefon: 06131 802 17873 E-Mail: fb-holzundmetall@bghm.de Internet: www.bghm.de	Schleifmaschinen, Schweißmaschinen, Fahrzeuginstandhaltungsmaschinen, maschinelle Einrichtungen für die Oberflächenbehandlung Metallbe- und -verarbeitungsmaschinen, Automatisierte Fertigungssysteme, Industrieroboter, Handhabungsgeräte, Gießereimaschinen, Strahlmaschinen, Härtereimaschinen, Funkenerosionsmaschinen Pressen, Spritzgießmaschinen, Druckgießmaschinen, Drahtbe- und Verarbeitungsmaschinen, Freiform- und Gesenkschmiedemaschinen, Maschinen für die Herstellung von Bolzen, Schrauben und Nieten, Steuerungen, Sicherheitsbauteile (z. B. Zweihandschaltungen, Lichtschranken, -gitter, -vorhänge), Winden, Hub- und Zuggeräte, Krane, hochziehbare Personenaufnahmemittel, Hütten- und Walzwerksanlagen Holzbe- und -verarbeitungsmaschinen, Sammel- und Abscheidemaschinen für Holzstaub und -späne
Fachbereich Nahrungsmittel Berufsgenossenschaft Nahrungsmittel und Gastgewerbe Leiter des Fachbereichs: Dipl.-Ing. Leonhard Blümcke Dynamostr. 7-11, 68165 Mannheim Telefon: 0621 4456 - 3612 Mobil: 0152 5677 3201 Internet: www.bgn.de	Verpackungs- und Verpackungshilfsmaschinen, Maschinen zur Herstellung sowie Be-/Verarbeitung von Nahrungs- und Genussmitteln, Kälteanlagen, Wärmepumpen, Kühleinrichtungen Fleischereimaschinen, Schlachtmaschinen
Fachbereich Rohstoffe und chemische Industrie Berufsgenossenschaft Rohstoffe und chemische Industrie Dr. med. Harald Wellhäußer Berufsgenossenschaft Rohstoffe und chemische Industrie Postfach 10 14 80, 69004 Heidelberg Telefon: 06221 5108 - 28100 E-Mail: praevention@bgrci.de Internet: www.bgrci.de	Kunststoff- und Gummiverarbeitungsmaschinen (ausgenommen: Spritzgießmaschinen), Maschinen für die chemische Industrie, Verdichter, Zentrifugen, Pumpen Maschinen für die Gewinnung, Aufbereitung, Be- und Verarbeitung von Steinen und Erden, Maschinen zur Herstellung von Bauelementen (z. B. aus Beton), Maschinen der Baustoff-, Keramik und Glasindustrie, Recyclingmaschinen und -anlagen, Fördereinrichtungen, Mischer Maschinelle Einrichtungen für die Zellstoffgewinnung sowie Papier-, Karton und Pappenerzeugung, Holzschleifmaschinen, Maschinen in Holzfaserplattenfabriken

Fachbereiche der DGUV (Auswahl)	Sachgebiete (Auswahl)
Fachbereich Verkehr und Landschaft Berufsgenossenschaft Verkehrswirtschaft Martin Küppers Post-Logistik Telekommunikation Ottenser Hauptstraße 54, 22765 Hamburg Telefon: 040 3980 - 1917 E-Mail: fachbereich@verkehr-landschaft.de Internet: www.bg-verkehr.de	Entsorgungsmaschinen, Luftfahrtbodenmaschinen, Winterdienstmaschinen, Hebebühnen
Fachbereich Verwaltung Verwaltungs-Berufsgenossenschaft Sylke Neumann Deelbögenkamp 4, 22297 Hamburg Telefon: 040 5146 - 2627 E-Mail: sylke.neumann@vbg.de Internet: www.vbg.de	Büromaschinen, Lagereinrichtungen und -geräte, Entsorgungsmaschinen

Weitere Fachbereiche mit Adressen ohne Sachgebietszuordnung	
Fachbereich Bildungseinrichtungen Unfallkasse Nordrhein-Westfalen Annette Michler-Hanneken Moskauer Straße 18, 40227 Düsseldorf Telefon: 0211 2808 - 1311 E-Mail: info@unfallkasse-nrw.de Internet: www.unfallkasse-nrw.de	**Fachbereich Erste Hilfe** Verwaltungs-Berufsgenossenschaft Leitung Geschäftsstelle: Sonja Palme Riemenschneiderstraße 2, 97072 Würzburg Telefon: 0931 7943 - 271 E-Mail: sonja.palme@vbg.de Internet: www.vbg.de
Fachbereich Feuerwehren, Hilfeleistungen, Brandschutz Unfallkasse Baden-Württemberg Geschäftsstelle: Michaela Schwab Augsburger Straße 700, 70329 Stuttgart Telefon: 0711 9321 - 7301 E-Mail: info@uk-bw.de Internet: www.uk-bw.de	**Fachbereich Gesundheit im Betrieb** Deutsche Gesetzliche Unfallversicherung (DGUV) Alte Heerstraße 111, 53757 Sankt Augustin Telefon: 030 13001 4544 E-Mail: yvonne.perleberg@dguv.de Internet: www.dguv.de
Fachbereich Gesundheitsdienst und Wohlfahrtspflege Berufsgenossenschaft Gesundheitsdienst und Wohlfahrtspflege Leitung Geschäftsstelle: Dr. Andreas Albrecht Rüppurrer Straße 1 a / Haus B, 76137 Karlsruhe E-Mail: andreas.albrecht@bgw-online.de Internet: www.bgw-online.de	**Fachbereich Organisation von Sicherheit und Gesundheit** Deutsche Gesetzliche Unfallversicherung Hauptabteilung Sicherheit und Gesundheit Dr. Stefan Dreller Alte Heerstraße 111, 53757 Sankt Augustin Telefon: 030 13001 4514 E-Mail: stefan.dreller@dguv.de Internet: www.dguv.de

EG-Konformitätserklärung für Maschinen

(Muster für Form, Aufbau und Inhalt)

Das Muster gilt für Maschinen nach EG-Maschinenrichtlinie 2006/42/EG.

EG-Konformitätserklärung

gemäß Anhang II A der EG-Maschinenrichtlinie 2006/42/EG (MRL)

Name und Anschrift des Herstellers/Bevollmächtigten

Beispiel

Hiermit erklären wir, dass die	**Erläuterungen**
Drehmaschine Fabrikat: XIY Typ: AL-47-10 Ser.-Nr.: 134876 Baujahr: 2023 ***(Freiwillig)***	Beschreibung der Maschine/Anlage/ auswechselbaren Ausrüstung, zumindest mit üblicher technischer Bezeichnung, Fabrikat, Typ, Seriennummer, ggf. zusätzliche Angaben im Sinne von Anhang I Nr. 1.7.3 zur bestimmungsgemäßen Verwendung
folgenden einschlägigen Bestimmungen entspricht: MaschinenRL 2006/42/EG EMV-RL 2014/30/EU	z. B. EG-Maschinenrichtlinie (2006/42/EG), EMV-Richtlinie (2014/30/EU) **Achtung:** EG-NiederspannungsRL **nicht** erwähnen!
Angewendete harmonisierte europäischen Normen *) EN ISO 12100, 13850, EN ISO 13849-1; EN 60204-1	vorzugsweise Typ C-Norm, ggf. Normentwurf pr EN, andernfalls Typ A- und B-Normen
Angewendete nationale Normen und technische Spezifikationen *) VDI Richtlinie 2854	anwendbare Regeln sind im „Verzeichnis 2 ProdSG (BAuA) enthalten.

*) eine vollständige Auflistung befindet sich in der technischen Dokumentation

Bevollmächtigter für die Zusammenstellung der technischen Unterlagen oder Abteilung (natürliche oder juristische Person):

„H. Kümmerer"
(CE-Beauftragter, keine Unterschrift)

30.03.2023 Mustermann
(Datum und Unterschrift)

Geschäftsführer
(Angaben zum Unterzeichner)

Formerfordernisse für die Erklärung

- Herstellerbogen mit kompletter Anschrift
- Druck- oder Maschinenschrift
- Original in einer der Amtssprachen sowie Übersetzung in eine Sprache des Verwenderlandes

Einbauerklärung für unvollständige Maschinen

(Muster für Form, Aufbau und Inhalt)

IX

Das Muster gilt für nicht verwendungsfertige, d. h. allein nicht funktionierende und/oder sicherheitstechnisch unvollständige, nicht richtlinienkonforme Maschinen im Sinne der EG-Maschinenrichtlinie 2006/42/EG.

Einbauerklärung nach der EG-Maschinenrichtlinie 2006/42/EG, Anhang II B

____

(Firmenbezeichnung und vollständige Anschrift)

Hiermit erklären wir, dass die **unvollständige** Maschine

Typ: Portallader MRL *Serien-Nr.:* 1234 *Baujahr:* 2023 ***(Freiwillig)***

– soweit es vom Lieferumfang her möglich ist – den grundlegenden Anforderungen*) der

Maschinenrichtlinie (2006/42/EG)
EMV-Richtlinie (2014/30/EU)

entspricht.

Ferner erklären wir, dass die speziellen technischen Unterlagen für diese unvollständige Maschine nach Anhang VII Teil B erstellt wurden und verpflichten uns diese auf Verlangen den Marktaufsichtsbehörden über unsere Dokumentationsabteilung zu übermitteln.

Die Inbetriebnahme der unvollständigen Maschine wird so lange untersagt, bis die unvollständige Maschine in eine Maschine eingebaut wurde. Vor der Inbetriebnahme ist gegebenenfalls zu prüfen, ob die Maschine den Bestimmungen der EG-Maschinenrichtlinie entspricht.

*) welche Anforderung erfüllt wurden, siehe Anlage

Bevollmächtigter für die Zusammenstellung der technischen Unterlagen oder Abteilung (natürliche oder juristische Person):

„H. Kümmerer"
(CE-Beauftragter, keine Unterschrift)

30.03.2023 Mustermann
(Datum und Unterschrift)

Geschäftsführer
(Angaben zum Unterzeichner)

Formerfordernisse für die Erklärung

- Herstellerbogen mit kompletter Anschrift
- Druck- oder Maschinenschrift
- Original in einer der Amtssprachen sowie Übersetzung in eine Sprache des Verwenderlandes

LASI-Papier „Maschinen ohne CE“ (07/2021)

LASI = Länderausschuss für Arbeitsschutz und Sicherheitstechnik

Das LASI-Papier „Maschinen ohne CE“ wurde Mitte 2021 nach langen Diskussionen und Verhandlungen veröffentlicht.

Der Ursprung war eine „Handlungsanleitung für Maschinen im Betrieb ohne CE“, durch die BGHM. Die Handlungsanleitung sollte ein bundesweit einheitliches berufsgenossenschaftliches Vorgehen beschreiben. Diese Handlungsanleitung löste bei Ländervertretungen im Arbeitsausschuss „Marktüberwachung“ eine kontroverse Diskussion aus. Es zeigte sich, dass der Umgang mit Maschinen ohne CE bis dato bundesweit sehr unterschiedlich gehandhabt wurde. Vertreter aus den Bereichen „Technischer Arbeitsschutz“ und „Marktüberwachung“ wurden in eine Projektgruppe berufen, die sich mit der rechtlichen Problemstellung befassen und ein angemessenes behördliches Handeln entwickeln sollten. Die Schirmherrschaft für das Projekt hatte das Bundesland Hessen inne. Durch die Verabschiedung des LASI-Papiers wird jetzt eine bundeseinheitliche und verbindliche Sichtweise und Vorgehensweise möglich.

▶ **Welche Gründe können vorliegen, dass eine Maschine ohne „CE-Kennzeichnung“ in Verkehr gebracht oder in Betrieb genommen wurde?**

Mögliche Beispiele dafür sind unter anderem:

- Die Maschine stammt aus den ersten Jahren nach dem Inkrafttreten der EG-Maschinenrichtlinie ab 1995. Mitunter wurde das EG-Konformitätsbewertungsverfahren nicht konsequent durchgeführt.
- Eigenbaumaschinen, bei denen aufgrund mangelnden Rechtswissens nicht das EG-Konformitätsbewertungsverfahren angewendet wurde.
- Unvollständige Maschinen, die trotz Inbetriebnahme-Verbot „alleine“ (ohne Schutzeinrichtung) betrieben werden, oder die nach dem Zusammenfügen zur vollständigen Maschine nicht dem EG-Konformitätsbewertungsverfahren unterzogen wurden.
- Arroganz von Ignoranz von Hersteller von „Unikatmaschinen“

Unsichere Maschinen gefährden die Sicherheit und Gesundheit der Beschäftigten am Arbeitsplatz. Daher ist es unumgänglich, dass derartige Maschinen einer Überprüfung unterzogen werden, um die Übereinstimmung mit den gesetzlichen Anforderungen festzustellen.

Maschinen, die durch den Hersteller ohne CE-Kennzeichnung in Verkehr gebracht oder in Betrieb genommen wurden, sind **nicht** im Nachhinein dem

EG-Konformitätsbewertungsverfahren zu unterziehen. Die Abstellung des Mangels (fehlende CE-Kennzeichnung) kann auch nicht von den Behörden auf Basis der Arbeitsschutzvorschriften (BetrSichV) gefordert werden.

Eine nachträgliche CE Kennzeichnung ist rechtswidrig und darf nicht angebracht werden. Hier sei nochmals erwähnt, dass die EG-MRL im Anhang I untersagt, bei der Anbringung der CE-Kennzeichnung das Baujahr der Maschine vor- oder nachzudatieren.

Auf der Basis des LASI-Papiers kann die Vorgehensweise bei „Maschinen ohne CE“ gemäß der Abbildung unten vorgegangen werden.

Eine CE-Kennzeichnung kann man nur über eine massive und tatsächliche wesentliche Veränderung der Maschine erreichen. Dies gilt aber nur bei einer kompletten Neukonzeption und Neukonstruktion einer Maschine. Die Verfasser möchten an dieser Stelle eindringlich davor warnen, evtl. „pseudonyme“ wesentliche Veränderung durchzuführen. Das Durchlaufen des EG-Konformitätsbewertungsverfahrens im Rahmen der Wesentlichen Veränderung zieht zwangsläufig eine Angleichung ALLER Bauteile auf den aktuellen Stand der Technik mit sich!

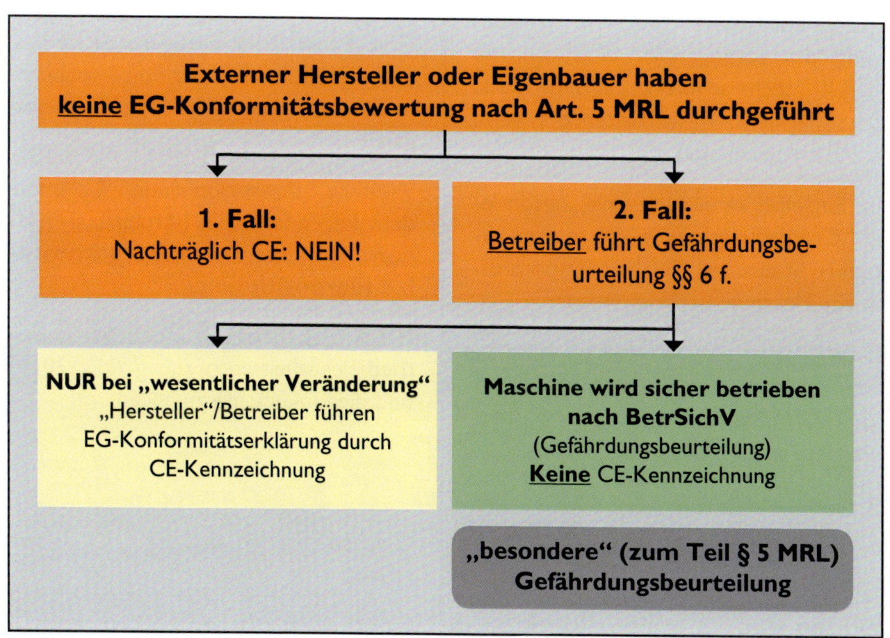

Um das gesetzliche Schutzziel „*Maschinen müssen sicher betrieben werden*“ zu erreichen, muss deshalb die Maschinensicherheit auf andere Art und Weise gewährleistet sein. Gemäß der Betriebssicherheitsverordnung darf an Maschinen nur betrieben werden, nachdem

- eine Gefährdungsbeurteilung durchgeführt wurde,
- die ermittelten Schutzmaßnahmen zum sicheren Betrieb nach dem Stand der Technik umgesetzt sind,
- festgestellt wurde, dass die Verwendung von Arbeitsmitteln nach dem Stand der Technik sicher ist.

Die höchste Wirksamkeit geht von der Vermeidung, Beseitigung und Reduzierung der vorliegenden Gefährdungen durch technische, organisatorische, persönliche sowie verhaltensbezogene Schutzmaßnahmen aus.

Im Einzelfall kann auch eine „besondere“ Gefährdungsbeurteilung je nach aktuellen Status und Gefährdungspotenzial der Maschine verlangt werden:

Dabei kann vom Betreiber verlangt werden, dass Auszüge vom Artikel 5 der EG-Maschinenrichtlinie umgesetzt werden, wie:

- die Maschine die in Anhang I aufgeführten, für sie geltenden grundlegenden Sicherheits- und Gesundheitsschutzanforderungen erfüllt werden,
- die in Anhang VII Teil A genannten technischen Unterlagen verfügbar sind,
- insbesondere die erforderlichen Informationen, wie die Betriebsanleitung, zur Verfügung stehen,

Nicht verlangt werden können:

- das zutreffende Konformitätsbewertungsverfahren gemäß Artikel 12 durchgeführt wird,
- die EG-Konformitätserklärung gemäß Anhang II A ausgestellt wurde und der Maschine beiliegt und, dass
- die CE-Kennzeichnung gemäß Artikel 16 angebracht wird.

Eine Beurteilung bezüglich Sicherheit und Gesundheitsschutz von Maschinen muss daher immer im Einzelfall erfolgen.

Weitere Information finden Sie unter dem folgenden Link: **https://lasi-info.com/publikationen/abgestimmte-laenderpositionen.**

Unter Vollzugsfragen zur novellierten Betriebssicherheitsverordnung (Juni 2021) sind die Dokumente zu finden.

Checklisten für alte und neue Maschinen

Die Fachbereich AKTUELL 120 „Maschinen der Zerspanung – Checklisten“ enthält ausführliche Checklisten für die sicherheitstechnische Beurteilung und Bewertung verschiedener Zerspanungsmaschinen. Anhand der im Anhang angefügten Checklisten kann der Zustand der Maschinen im Betrieb bewertet werden. Da verschiedene Maschinen auch sicherheitstechnisch unterschiedlich betrachtet werden, wird in den Checklisten auf die diversen Maschinentypen eingegangen.

Download unter:
BGHM Fachbereich Aktuell 120

Checklisten für Neumaschinen der Zerspanung mit CE- Kennzeichnung	
N 0	Beschaffung von Maschinen (Maschineneinkauf)
N 0	Procurement of machines (machine purchasing)
N 1.1	Handgesteuerte Drehmaschinen ohne Steuerung (Bauart 1)
N 1.1	Turning machines type 1 with CE-marking
N 1.2	Handgesteuerte Drehmaschine mit begrenzten Steuerung (Bauart 2)
N 1.2	Turning machines type 2 with CE-marking
N 1.3	Numerisch gesteuerte Drehmaschinen und Drehzentren
N 1.3	Turning machines type 3 with CE-marking
N 1.4	Einzel- oder Multispindel-Drehautomaten
N 1.4	Turning centers with CE-marking
N 2.1	Handgesteuerte Fräsmaschinen
N 2.1	Manually milling machines with CE-marking
N 2.2	Numerisch gesteuerte Fräs- und Bohr-Fräsmaschinen
N 2.2	Numerically Milling machines and boring and milling machines with CE-marking
N 3	Numerisch gesteuerte Bearbeitungszentren
N 3	Machining centers with CE-marking
N 4	Numerisch gesteuerte ortsfeste Schleifmaschinen
N 4	stationary grinding machines with CE-marking

XI Checklisten für alte und neue Maschinen

Checklisten für Neumaschinen der Zerspanung mit CE- Kennzeichnung	
N 5	Sägemaschinen für die Metallbearbeitung
N 5	Sawing machines for the working of metal with CE-marking
N 6	Integrierte Fertigungssysteme
N 6	Integrated manufacturing Systems with CE-marking

Checklisten für Altmaschinen der Zerspanung nach BetrSichV (ohne CE- Kennzeichnung)	
A 0	BetrSichV – Anforderungen der Betriebssicherheitsverordnung
A 1.1	Handgesteuerte Drehmaschinen (alt)
A 1.2	Handgesteuerte Karusselldrehmaschine (alt)
A 1.3	Numerisch gesteuerte Drehmaschinen (alte Drehautomaten)
A 1.4	Numerisch gesteuerte Karusselldrehmaschine (alt)
A 1.5	Ein-/Mehrspindeldrehatuomaten (alt)
A 2.1	Handgesteuerte Fräsmaschinen (alt)
A 2.2	Handgesteuerte Bohrmaschinen (alt)
A 2.3	Numerisch gesteuerte Fräs- und Bohr-Fräsmaschinen (alt)
A 3	Numerisch gesteuerte Bearbeitungszentren (alt)
A 4	Handgesteuerte, konventionelle Schleifmaschinen (alt)
A 5	Kaltprofilieranlagen (alt)
A 6	Automatisierte Fertigungssysteme (alt)

Literaturverzeichnis

EG-Maschinenrichtlinie 2006/42/EG vom 29.12.2009

EU-Maschinenverordnung (EU) 2023/1230 vom 29.06.2023

Interpretation des BMAS und der Länder, abgestimmt mit den BGen und dem VDMA für den in der 9. ProdSV bzw. EG-Maschinenrichtlinie 2006/42/EG benutzten Begriff „Gesamtheit von Maschinen", Bundesarbeitsblatt 5-2011

Europäische Richtlinien und Sicherheitsnormen für Maschinen Normenausschuss Maschinenbau im DIN, Frankfurt a. M., 10. überarbeitete Auflage, 2006

Berufsgenossenschaftliche Vorschriften und Regeln für Sicherheit und Gesundheit bei der Arbeit. Hauptverband der gewerblichen Berufsgenossenschaften (HVBG), BGVR-Verzeichnis, April 2006

Europäische Kommission: „Die Rechtsvorschriften der Gemeinschaft für Maschinen. Erläuterungen zu der Richtlinie 98/37/EG." Luxemburg, Amt für amtliche Veröffentlichungen der Europäischen Gemeinschaften, Ausgabe 1999

Moritz, D., Geiß, J. Das Produktssicherheitsgesetz (ProdSG), VDE Verlag GmbH Berlin · Offenbach 2012

Becker, U. „Bedeutung der Maschinenrichtlinie und der Arbeitsmittel-Richtlinie für gebrauchte Maschinen" „Die BG", Juni 1997 Erich Schmidt Verlag, Berlin

Klindt, Dr. Th.,
„Händler haften nicht – Brüsseler Gerichtsurteil erleichtert EG-Handel mit CE-Produkten", S & I, April 2006

Interpretationspapier des BMA und der Länder zum Thema „Wesentliche Veränderung von Maschinen", veröffentlicht im Bundesarbeitsblatt 11/2000

Interpretationspapier des BMAS und der Länder zum Thema „Wesentliche Veränderung von Maschinen", veröffentlicht im Bundesarbeitsblatt 04/2015

Hüning · Kirchberg · Schulze „Die neue EG-Maschinenrichtlinie", Bundesanzeiger Verlagsges. mbH, Köln, 2006

Hüning/Schulze Broschüre „Sichere Maschinen in Europa – Teil 5, Die neue EG-Maschinenrichtlinie" DCVerlag e.K., Bochum

Gast · Heinke · Hüning Betreiberpflichten für Alt- und Gebrauchtmaschinen Maschinenbetreiber ISBN 978-3-8462-1017-8 shop.reguvis.de/
Wesentliche Veränderungen, Gesamtheit von Maschinen und Maschinen ohne CE-Kennzeichnung

Wilrich, Thomas „Das neue Produktsicherheitsgesetz“ Beuth-Verlag, Dezember 2011

Wilrich, Thomas „Das neue Produktsicherheitsgesetz“ Beuth-Verlag, Juni 2021

Adams, F. / Schmidt, F. „Best of MRL-News – Neues zum Thema Sicherheit von Maschinen und Maschinensteuerungen“ K. A. Schmersal Holding GmbH & Co. KG, Wuppertal, 1. Auflage, Januar 2011

Kälble, B., Reudenbach, R., Broschüre „Sichere Maschinen in Europa“ Teil 2: „Herstellung und Benutzung“ Teil 3: „Risikobeurteilung“ DCVerlag e.K., Bochum

Heinke, Berthold Broschüre „Sichere Maschinen in Europa – Teil 4“ Sicherheitsrelevante Steuerungen“ DCVerlag e.K., Bochum

KAN-Briefe aus verschiedenen Jahren

Gesetz über die Durchführung von Maßnahmen des Arbeitsschutzes zur Verbesserung der Sicherheit und des Gesundheitsschutzes der Beschäftigten bei der Arbeit (Gesetz über die Arbeitsschutzgesetz - ArbSchG): 07.08.1996

Haftung für fehlerhafte Produkte (Produkthaftungsgesetz - ProdHaftG) ProdHaftG Ausfertigungsdatum: 15.12.1989

Gesetz zur Marktüberwachung und zur Sicherstellung der Konformität von Produkten (Marktüberwachungsgesetz - MüG) von 2021